**Religion im Kindergarten
verstehen und gestalten**

Band 2

Die Feste im Jahreskreis

verstehen und gestalten

Margarete Mix
Burkhard Straeck

Mit Beiträgen von
Gerhard Rödding und
Michael Schnabel

Ein Praxisbuch
für die religiöse
Erziehung
der 3- bis 8-Jährigen

Gütersloher Verlagshaus

Die Deutsche Bibliothek – CIP-Einheitsaufnahme

Mix, Margarete:
Die Feste im Jahreskreis – verstehen und gestalten: ein Praxisbuch für die religiöse Früherziehung der 3- bis 8-Jährigen / Margarete Mix und Burkhard Straeck. – Gütersloh: Gütersloher Verl.-Haus, 2001
   (Religion im Kindergarten – verstehen und gestalten; Bd. 2)
   ISBN 3-579-03286-0

Dieses Werk folgt der reformierten Rechtschreibung und Zeichensetzung. Ausnahmen bilden Texte, bei denen künstlerische, philologische oder lizenzrechtliche Gründe einer Änderung entgegenstehen.

Für freundlich erteilte Abdruckgenehmigungen danken wir allen FotografInnen, AutorInnen, KomponistInnen, KünstlerInnen und Verlagen. Trotz intensiver Bemühungen war es leider nicht bei allen Texten möglich, den/die Rechtsinhaber/in ausfindig zu machen. Für Hinweise sind wir dankbar. Rechtsansprüche bleiben gewahrt.

Umwelthinweis:
Dieses Buch wurde auf chlorfrei gebleichtem und alterungsbeständigem Papier gedruckt. Die vor Verschmutzung schützende Einschrumpffolie ist aus umweltschonender und recyclingfähiger PE-Folie.

ISBN 3-579-03286-0
© Gütersloher Verlagshaus, Gütersloh 2001

Umschlaggestaltung: INIT, Bielefeld, unter Verwendung eines Fotos von Kim Kristin Breitmoser, Rheda-Wiedenbrück
Satz: Weserdruckerei Rolf Oesselmann GmbH, Stolzenau
Druck und Bindung: Těšínská Tiskárna AG, Český Těšín
Printed in Czech Republic

www.gtvh.de

Liebe Leserinnen, liebe Leser!

Wir erleben Jahr für Jahr im Wechsel die Jahreszeiten Frühling, Sommer, Herbst und Winter. Gleichzeitig feiern wir Feste – bekannte wie Weihnachten und St. Martin und weniger bekannte Feier- und Gedenktage wie Himmelfahrt und Pfingsten, Allerheiligen und Ewigkeitssonntag. Besonders Kinder nehmen wahr, dass die Feste zu den Jahreszeiten gehören und umgekehrt.

Dieses Buch ist für die religionspädagogische Arbeit mit Kindern in Kindergärten, Kindertagesstätten, Grundschulen, in der Kindergottesdienst- und Gemeindearbeit gedacht. Auch Eltern können für ihre Kinder viele Anregungen erhalten. Unsere Anregungen sollen Freude und Entdeckungsgeist wecken, Vertrautes zu finden und Unbekanntes auszuprobieren.

In acht Einheiten werden die wichtigsten Feste im Zusammenhang des Jahreskreises vorgestellt. Beginnend mit dem Winter, *Advent* und *Weihnachten* schließt sich die *Faschings- und Fastenzeit* an. Zum Frühling gehört die *Karwoche und Ostern*. Im beginnenden Sommer feiern wir *Himmelfahrt* und *Pfingsten*. Ein *Reisesegen* schließt das Sommerkapitel ab und entlässt damit die Kinder in die Sommerferien. Das zentrale Fest im Herbst ist *Erntedank*; eine eher seltene Einheit ist die Fest- und Gedenkzeit um *Allerheiligen, Allerseelen und Ewigkeitssonntag* im November. Die beiden Heiligenfeste *St. Martin* und *St. Nikolaus* beschließen den Jahreskreis.

Jede Einheit beginnt damit, dass von den Kindern Bilder mit einfließen, die sie mit dem Fest oder der Jahreszeit verbinden. Entsprechendes Brauchtum wird vorgestellt und eine Ideenbörse gibt Impulse für die Vielfalt eines Festes und seiner Umsetzung.

Die Kinderwerkstatt ist eine Fundgrube für die kreative Umsetzung. In diesem Teil lernen die Kinder Geschichten, Gedichte und Fingerspiele kennen, erhalten Mal-, Bastel- und Gestaltungsvorschläge, können Backrezepte ausprobieren und Lieder singen. Konkretes für die Gestaltung eines Festes findet sich im Projektbeispiel am Ende einer Einheit.

Alle Vorschläge sind praxiserprobt für Kinder zwischen 3 und 8 Jahren. Das Theologische Schlaglicht gibt der Leserin und dem Leser in Kürze kompakte Informationen über ein Fest im Jahreskreis.

Wir bedanken uns herzlich bei Gerhard Rödding für die Einführungen in die Kapitel und Michael Schnabel für die Erarbeitung der Theologischen Schlaglichter.

Die Feste als wichtige und zum Jahreskreis gehörige Zeiten zu erleben, Informationen vielfältiger Art zu erhalten und kreative Ideen mit den Kindern auszuprobieren, dazu möchte dieses Buch beitragen. Vor allem aber wollen wir Ihnen Mut machen, auch einmal auf den ersten Blick »schwierige Feste« kennen zu lernen und umzusetzen.

Allen Leserinnen und Lesern wünschen wir, dass lebendige Festerfahrungen den Kindern und Erwachsenen helfen, das ganze Jahr als eine runde Einheit zu erfahren.

Im Sommer 2001   *Margarete Mix und Burkhard Straeck*

Inhalt

Einleitung

Zeiten und Jahre

Wir alle leben im Rhythmus der Zeit. Der Wechsel von Tag und Nacht gliedert das tägliche Leben. Untrennbar ist die Zeit mit unserem Leben verwoben; sie gehört zu unserer Welt. Die Zeit ist Teil der Schöpfung. Wie das Leben, so ist auch die Zeit Gottes Geschenk. Darum heißt es im 31. Psalm: »Meine Zeit steht in deinen Händen.« Zeit ist uns von Gott gegeben: Zeit zum Arbeiten und zum Spielen, Zeit zum Ausruhen und Zeit, die wir anderen schenken, und Zeit, die wir für uns nutzen. Alles hat seine Zeit. In der Bibel steht: » Ein jegliches hat seine Zeit, und alles Vorhaben unter dem Himmel hat seine Stunde: geboren werden hat seine Zeit, sterben hat seine Zeit; pflanzen hat seine Zeit, ausreißen, was gepflanzt ist, hat seine Zeit; … weinen hat seine Zeit, lachen hat seine Zeit, klagen hat seine Zeit, tanzen hat seine Zeit; … schweigen hat seine Zeit, reden hat seine Zeit; lieben hat seine Zeit, hassen hat seine Zeit; Streit hat seine Zeit, Friede hat seine Zeit.« Dieses Lied aus dem Buch des Predigers Salomo (Kap. 14) erinnert uns daran, dass wir die uns geschenkte Zeit nutzen und mit ihr unser Leben gestalten sollen.

In der Schöpfungsgeschichte der Bibel heißt es, dass Gott Lichter an den Himmel setzte, damit die Menschen Tag und Nacht, Tage und Jahre unterscheiden (1 Mose 1,14), dass wir uns im Strom der dahin fließenden Zeit zurecht finden und orientieren können. Sonne und Mond gliedern auch den Ablauf eines Jahres: der Mond durch die zwölf Monate und die Sonne durch die vier Jahreszeiten.
Frühling, Sommer, Herbst und Winter bestimmen unser Leben in ganz besonderer Wei-

Foto: Peter Santor

se, auch wenn wir in der Stadt leben. Zwar kann man auf dem Lande manches deutlicher beobachten, z.B. wenn im Frühjahr die Felder bestellt werden, alles grünt und die Pflanzen anfangen zu wachsen. Aber auch in der Stadt richten wir uns nach den Jahreszeiten. Wir müssen im Winter andere Kleidung anziehen als im Sommer. Die meisten Menschen nehmen im Sommer ihren Urlaub, wenn sie nicht gerade zum Skifahren in die Berge wollen. Aber auch gerade dann richten sie sich nach der winterlichen Jahreszeit.

Foto: Dorothea Meyer

Die Menschen in der Stadt suchen zwar diese Abhängigkeit zu mindern. So lässt uns die Heizung in allen Räumen des Hauses die kalte Jahreszeit vergessen, und wenn wir im Auto fahren, kann man das auch im Winter in Sommerkleidung tun. Dennoch wird niemand leugnen, dass die Jahreszeiten jeweils ihren besonderen Charakter haben, über den man nicht einfach hinwegsehen kann.
Das Licht gibt den Jahreszeiten ihren Charakter. Das Frühjahr beginnt, wenn Tag und Nacht gleich lang sind und von da an die Tage länger als die Nächte werden. Das Licht drängt die Dunkelheit zurück; es beginnt über die Dunkelheit zu herrschen. Das Gegenteil ist zur Mittsommerzeit der Fall, wenn die Tage wieder kürzer werden, bis zu Beginn des Herbstes die Dunkelheit wieder vorherrscht.

Das Licht hat die Menschen von jeher fasziniert. Zu allen Zeiten haben sie sich in der dunklen Jahreszeit nach dem Licht gesehnt; denn Licht bedeutet Leben, weil in der Dunkelheit nichts wachsen kann. Darum war für die Menschen in der Bibel das Licht das erste Geschöpf Gottes. Am ersten Schöpfungstag spricht Gott: »Es werde Licht!«

In der Schöpfungsgeschichte (1 Mose 1) steht, dass Gott die Sonne erst am vierten Schöpfungstag geschaffen hat, als das Licht bereits da war. Wussten die Menschen, die diese Geschichte erzählten, und diejenigen, die sie später aufschrieben, etwa noch nicht, dass unser Licht in der Sonne seinen Ursprung hat? Doch, sie wussten es, sahen sie doch jeden Tag, wie es heller und heller wird, wenn die Sonne aufgeht und mit ihren Strahlen das Land überflutet, und sie kannten die gleißende Helligkeit der Mittagssonne. Mit der Schöpfungsgeschichte aber wollten sie mehr sagen. Für ihre Erzähler war das Licht Orientierung. Ihre Botschaft heißt: Gott schafft eine Welt, in der man sich orientieren kann. Die Welt, wie Gott sie geschaffen hat, ist hell. In ihr muss man nicht im Dunkeln tappen, sondern kann sehen, Erkenntnis gewinnen und mit Gottes Offenbarung rechnen. In der Welt hat alles seinen Sinn, den man verstehen kann.

Weil es um das Licht geht, orientieren sich die wichtigsten christlichen Feste am Rhythmus der Jahreszeiten. So feiern wir Weihnachten in der Zeit der Wintersonnenwende, wenn die Tage wieder länger werden und das Licht die Dunkelheit zurückdrängt. Weihnachten markiert auf diese Weise die große Wende in der Menschheitsgeschichte, die mit der Geburt Jesu eingetreten ist. Von da an soll keiner Zweifel daran haben, dass die Weltgeschichte nicht in Dunkelheit, in Chaos und Verderben endet, sondern dass Gott die Menschheit ins Licht führt und ihr Gnade und Segen verheißt.

Foto: Ruth Eisele

Ähnliches gilt für das Osterfest, das im Frühjahr gefeiert wird, wenn die Tage zunehmend länger als die Nächte werden. Die Osterbotschaft heißt: Wie der helle Tag über die Nacht siegt, so ist der auferstandene Christus stärker als der Tod. Sieben Wochen nach Ostern feiern wir das Pfingstfest. Astronomisch gesehen fällt das Fest zwar noch in den Frühling. Es steht jedoch bereits an der Schwelle des Sommers mit seinen warmen Tagen, die viele Menschen zu Ausflügen und Feiern im Freien

Foto: Dorothea Meyer

nutzen. Für die Christen ist Pfingsten vor allem das Fest der kirchlichen Gemeinschaft, die durch Gottes Geist gestiftet ist.

Auch die dunkle Jahreszeit trägt zur Gestaltung des Kirchenjahres bei. Wenn im November die Nebel das Licht trübe erscheinen lassen, erinnern uns die von den Bäumen fallenden Blätter an Sterben und Vergänglichkeit. Darum halten wir am letzten Sonntag im Kirchenjahr Totengedächtnis und an Allerheiligen und Allerseelen, an den beiden ersten Novembertagen, gedenken wir derer, die vor uns gelebt haben. Es ist Zeit zur Einkehr und Besinnung, Zeit, auch das Ende des Lebens zu bedenken. Allerdings werden uns solche Gedanken niemals in Trostlosigkeit führen. Wer genau hinschaut, sieht an den Bäumen bereits die Knospen für das neue Jahr, die uns neues Leben verheißen. So führt uns das Totengedenken in den Advent, wo uns die Ankunft Jesu verheißen wird.

Die Jahreszeiten und das Kirchenjahr sind eng miteinander verknüpft. Zwischen beiden gibt es einen Zusammenhang; denn vom Jahreslauf ausgehend lassen sich viele Gedanken des christlichen Glaubens anschaulich und lebensnah darstellen.

Gerhard Rödding

Winter

Foto: Dorothea Meyer

Einführung: Winter

Die letzten Blätter fallen von den Bäumen und vermodern am Boden. Kahl und tot ragen die Zweige in den grauen Himmel, und weißer Nebel umhüllt die Wipfel. Wenn man von dem Lärm absieht, den die Menschen mit ihren Autos machen, ist es still im Wald. Nur ein gelegentliches Knacken verrät uns, dass ein Tier seine Fährte zieht.

Aber der Wald ist nicht tot. Wer genau hinschaut, entdeckt überall Knospen an Bäumen und Sträuchern: die spitzen schlanken der Buchen und die dicken runden der Kastanien. Wenn man einmal eine Knospe abpflückt und öffnet, sieht man bereits winzige Blätter unter der schützenden Hülle, die nur auf die Sonne warten, um die Schale aufzubrechen und sich zu entfalten. Die Kälte kann ihnen selbst im härtesten Winter nicht schaden, weil sie wohl verwahrt in ihrem Mantel auf wärmere Zeiten warten.

Knospen sind Zeichen der Hoffnung. Auch in der abweisenden, klirrenden Kälte künden sie uns neues Leben an und lassen einen neuen Sommer erwarten. Winterzeit ist Zeit der Erwartung. Darum begehen wir vor Weihnachten die Adventszeit. Advent heißt Ankunft. Wir erwarten das Weihnachtsfest, die Ankunft Jesu Christi. An den vier Sonntagen vor Weihnachten zünden wir auf dem Adventskranz jeden Sonntag eine Kerze mehr an, bis am Heiligen Abend der Christbaum in vollem Glanz erstrahlt. Adventszeit ist ursprünglich Fastenzeit. Den Sinn des Fastens entdecken heute wieder viele Menschen, die sich aus der Überfülle unserer Lebens- und Konsumgewohnheiten befreien wollen, um mit dem Ersparten anderen zu helfen, denen es nicht so gut geht wie uns.

In der Adventszeit geht es nicht nur um Jesu Ankunft zu Weihnachten, also um seine Geburt, sondern auch um sein Kommen am Ende der Tage, wenn alle Zeit zu ihrem Ziel gekommen ist. Jesu Kommen steht immer vor uns, unsere Zukunft ist bestimmt durch seine Ankunft. Die Christenheit erwartet von der Zukunft nichts Unbestimmtes sondern das Kommen ihres Herrn.

Mit Christus ist ein neues Licht in die Welt gekommen, an dem man sich fortan orientieren kann. Um das Neue deutlich zu machen, begann das neue Jahr bis zur Einführung unseres heutigen Kalenders im Jahr 1582 mit dem 25. Dezember.

Das Weihnachtsfest ist mit vielen Bräuchen verbunden. Ein geschmückter, immergrüner Nadelbaum erinnert daran, dass auch im Winter das Leben nicht erstorben ist. Er wird mit Kerzen geschmückt, die auf das Licht weisen, das zu Weihnachten erschienen ist. In manchen Familien und vielen Kirchen werden auch Weihnachtskrippen oder Lichterbögen aus dem Erzgebirge aufgestellt, die uns mit ihren Figuren an das Kind in der Krippe und die Weihnachtsgeschichte erinnern.

Das Christfest wird nach den zwölf »geweihten« Nächten, die dem Weihnachtsfest den Namen gegeben haben, mit dem Epiphaniasfest abgeschlossen. Im Mittelpunkt der Gottesdienste am 6. Januar steht das Evangelium von den Drei Weisen oder Königen aus dem Morgenland, eine Botschaft, die uns verkündet, dass alle Völker und Rassen zu Jesus Zugang haben.

Das Weihnachtsfest ist ein Freudenfest, das mitten in der dunklen Jahreszeit gefeiert wird. Die aufsteigende Sonne und das zunehmende Licht werden zu Symbolen des kommenden Christus, der uns als neue Botschaft das Evangelium von Gottes Gnade und Liebe bringt.

Gerhard Rödding

1. Kapitel: Advent und Weihnachten

1. Einstieg

Gott –
du bist unterwegs zu uns
immer wieder
zu jeder Zeit.
Lass mich bereit sein,
wenn du kommst,
lass mich daheim sein,
wenn es klopft.

Alle freuen sich auf das Fest!
In den Vorbereitungen wird gebastelt, gebacken,
geschmückt und manche Heimlichkeit vorbereitet.

Hören wir Jesus dann noch, wenn er anklopft?
Dazu müssen wir still werden, um offen zu sein für seine Weihnachtsbotschaft, die den Menschen Freude und Hoffnung bringt. So ist auch die Natur still geworden, weil sie Kräfte für neues Leben im Frühjahr sammelt. Der Advent als Wartezeit auf die Ankunft Jesu kann uns dabei helfen. »Auch der längste Weg beginnt mit dem ersten Schritt«, sagen die Chinesen. Wenn wir uns auf den Weg machen, so spannt er sich wie ein Bogen vom 1. Adventstag bis zum Weihnachtsfest und dem Fest Heilige Drei Könige, wobei wir das Ziel fest im Auge behalten.

Foto: Dorothea Meyer

Bilder

Welche Bilder haben wir von

Advent	**Weihnachten**		**Heilige Drei Könige?**

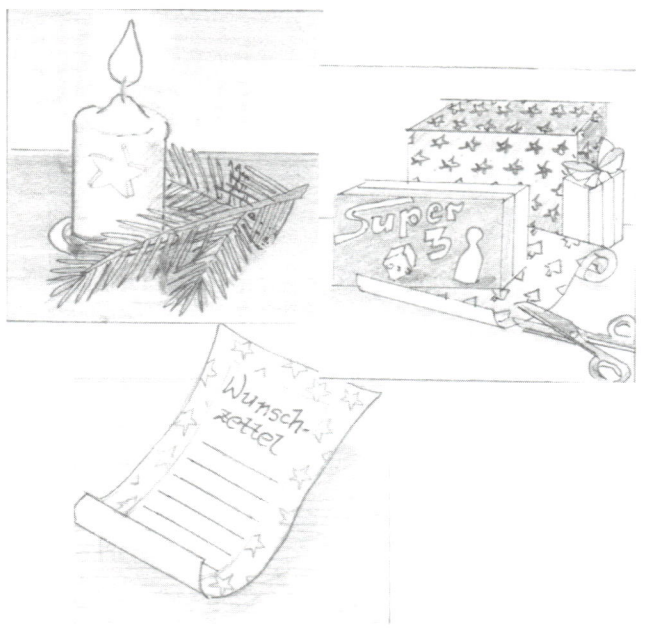

Zeichnungen: Ursula Stein-Wöbke

Jeden Tag leben wir mit Bildern, die sich in uns einprägen und Spuren hinterlassen.

Für die Kinder ist es dabei von großer Bedeutung, mit welcher Haltung der Erwachsene zu den Bildern steht, weil er Vorbildfunktion hat.

- Im Gespräch mit den Kindern über ihre Weihnachtsbilder hören wir aufmerksam zu, was sie bewegt, und sammeln die vielfältigen Aussagen. Dabei wird deutlich, dass der eine Weihnachten als christliches Fest erlebt, während der andere die Erfüllung seines Wunschzettels erwar-

Foto: Peter Wirtz

tet oder mit der Familie vor dem Weihnachtsstress ins Ausland verreist.

Wir nutzen die Chance, die Weihnachtsbotschaft »ins rechte Bild« zu rücken!

Gespräche – Bräuche

Es gibt kein Fest im Jahreskreis, das von mehr Bräuchen »eingerahmt« ist als Weihnachten. Obwohl alle Christen auf der Welt denselben Anlass feiern, ähneln sich die Feste keineswegs. Das Weihnachtsfest zeigt deutlich, wie stark die Geschichte, die Gesellschaft und alte Bräuche die Tradition der christlichen Feste prägen.

- Mit den Kindern überlegen wir, wozu wir Bräuche eigentlich *brauchen* und welcher Sinn dahinter steckt. »Wie sieht euer Adventskranz aus? Schmückt ihr euren Christbaum jedes Jahr gleich? Wie habt ihr Weihnachten gefeiert?«

Beim Zusammentragen der uns bekannten **Advents- und Weihnachtsbräuche** weiß jeder etwas beizutragen und uns fällt auf, wie viel kälter und ärmer die Zeit ohne sie wäre:

Foto: Peter Wirtz

Für Kinder ist der **Adventskalender** am 1. Dezember ein sichtbares Zeichen für den Beginn der Adventszeit. Mit kleinen Überraschungen gefüllt hilft er, die lange Zeit des Wartens überschaubarer zu machen. Ein selbst gebastelter Kalender erfreut die Kinder am meisten. (Anleitung siehe S. 17)

Der **Adventskranz** wurde zum ersten Mal vor etwa 150 Jahren in Hamburg vom evangelischen Pastor Johann Heinrich Wichern für seine Waisenkinder gebaut. Seither wird er mit Symbolen geschmückt und in den Familien und Kirchen aufgehängt.

Seine Form ist ein Kreis, der wie Gottes Liebe alle umfasst und wie sie keinen Anfang und kein Ende kennt. Seine Farben verdeutlichen den Sinn der Adventszeit. Das *Grün* der Zweige symbolisiert die Hoffnung auf neues Leben, das *Rot* der Schleifen ist die Farbe der Liebe, *Violett* die Farbe der Umkehr. **Vier Kerzen** zeigen die vier Adventssonntage an und ihr *Licht* steht für Jesus Christus, das »Licht der Welt«, das alle Dunkelheit überwindet.

So alt wie der Adventskranz ist der Brauch, **Weihnachtskarten** zu verschenken. Den ersten Entwurf machte Henry Cole in England und heute basteln schon die Kleinsten am liebsten Kartengrüße zum Verschenken.

Weihnachten **beschenken** wir einander, weil Gott uns

Abbildung: Margarete Mix

seinen Sohn geschenkt hat. Der Brauch, sich gegenseitig zu beschenken, reicht bis zu den heidnischen Römern zurück, die am 25. Dezember ihren unbesiegbaren Sonnengott feierten. Seit dem 3. Jahrhundert feiern die Christen an diesem Tag die Geburt Jesu.

Der erste **Christbaum** stand vor vierhundert Jahren in Straßburg und erinnert uns an den Baum des Lebens im Paradies. Seine grünen Zweige sind ein Zeichen des Lebens.

Abbildung: Margarete Mix

Bekannter **Weihnachtsschmuck:**

Äpfel erinnern an das Paradies und den Sündenfall (der 24. Dezember heißt auch »Adam und Eva Tag«) – *Sterne* deuten hin auf den Stern von Bethlehem – **Herzen** sind das Symbol für die Liebe Gottes – **Engel** sind Boten Gottes und verkünden wie **Glocken** die frohe Nachricht – silberne und goldene **Kugeln** erinnern an die Geschenke der drei Weisen aus dem Morgenland – **Kerzen** weisen hin auf das Wort Jesu »Ich bin das Licht der Welt« – **Nüsse** sind Symbol für Gottes unerforschlichen Ratschluss.

Weihnachtskrippe: Der heilige Franz von Assisi stellte im Jahr 1223 in der Felsenhöhle eines Waldes nahe der italienischen Stadt Greccio die Bethlehemsszene nach. Von einem Bauern hatte er sich Ochs, Esel und eine Futterkrippe erbeten; Maria und Josef wurden von einer Frau und einem Mann dargestellt und ein lebensgroßes Wachsbild des Jesuskindes hatte Franz in die Krippe gelegt. Seit dieser Zeit bauten die Menschen Krippen nach und in Deutschland wurde die erste vor etwa 400 Jahren aufgestellt.

Zum Fest »Erscheinung des Herrn«, im Volksmund »Dreikönigstag« genannt, ist seit dem 15. Jahrhundert die Sternwanderung der **Heiligen Drei Könige** Brauch. Heute ziehen Kinder als die drei Weisen aus dem Morgenland verkleidet als »Sternsinger« von Haus zu Haus und verkünden in Lied und Gedicht den Weihnachtsfrieden.

An die Haustür schreiben sie

$$20 + C + M + B + 02$$

das heißt lateinisch: **C**hristus **M**ansionem **B**enedicat
Dieser Segensspruch heißt »Christus möge das Haus segnen im Jahre 2002«.

Ideenbörse: Zackige Einfälle

Weihnachten? Die Geschichte kennt doch jeder. Und doch freuen wir uns auf die alte, immer wieder neue Geschichte und erleben sie jedes Jahr anders.
Es gibt viele Sichtweisen, die Weihnachtsbotschaft aufzubereiten und Schwerpunkte zu setzen, wie z.B. »Ein Kind ist geboren« = Jesu Geburtstag feiern oder »Wenn Türen sich öffnen« = sein Herz öffnen.
Welche Schwerpunkte fallen uns beim Planen des Weihnachtsthemas ein?

In jedem Jahr sammeln die Dreikönigssänger Geld, das Kindern in aller Welt zugute kommt.
■ Mit Erstaunen stellen wir alle fest, wie vielfältig das Brauchtum ist. Auch Kinder finden es spannend, Hintergründe und so den tieferen Sinn von Ritualen zu erfahren, die uns selbstverständlich geworden sind. Vielleicht entwickelt sich daraus das Bedürfnis, die Bräuche weiter zu pflegen.

Vorlage: Margarete Mix

2. Ideen für die Kinderwerkstatt

Die Weihnachtsgeschichte

Geschichte – Gedicht

Licht

Ein König hatte zwei Söhne. Als er alt wurde, wollte er einen der beiden Söhne zu seinem Nachfolger bestellen. Er versammelte die Weisen seines Landes und rief seine Söhne herbei. Er gab jedem der beiden Söhne

Lukas 2,1-20

fünf Silberstücke und sagte: »Füllt für dieses Geld die Halle im Schloss bis zum Abend. Womit, das ist eure Sache!«
Die Weisen sagten: »Das ist eine gute Aufgabe.«
Der älteste Sohn ging davon und kam an einem Feld vorbei, wo die Arbeiter dabei waren, das Zuckerrohr zu ernten und in einer Mühle auszupressen. Das ausgepresste Zuckerrohr lag nutzlos umher. – Er dachte sich:

»Das ist eine gute Gelegenheit, mit diesem nutzlosen Zeug die Halle meines Vaters zu füllen.« Mit dem Aufseher der Arbeit wurde er einig und sie schafften bis zum späten Nachmittag das ausgedroschene Zuckerrohr in die Halle. Als sie gefüllt war, ging er zu seinem Vater und sagte: »Ich habe deine Aufgabe erfüllt. Auf meinen Bruder brauchst du nicht mehr zu warten. Mach mich zu deinem Nachfolger!« –

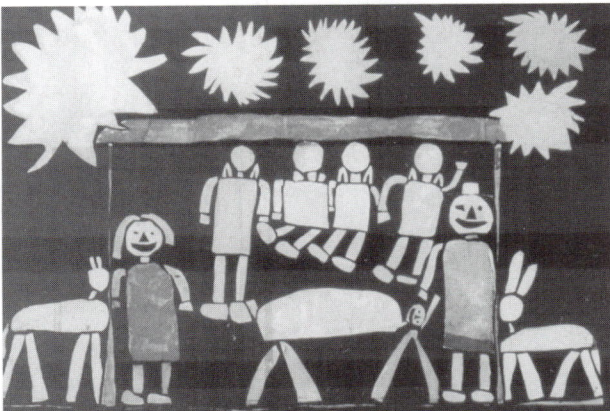

Vorlage: Helga Schlotterbeck

Der Vater antwortete: »Es ist noch nicht Abend. Ich werde warten!« Bald darauf kam auch der jüngere Sohn. Er bat darum, das ausgedroschene Rohr wieder aus der Halle zu entfernen. So geschah es. Dann stellte er mitten in die Halle eine Kerze und zündete sie an. Ihr Schein füllte die Halle bis in die letzte Ecke hinein. Der Vater sagte: »Du sollst mein Nachfolger sein. Du hast die Halle mit Licht erfüllt, mit dem, was Menschen brauchen.«
Geschichte von den Philippinen

Weihnachtsgedicht

Im engen Stall bei Esel und Rind
liegt in der Krippe ein kleines Kind.
Da strahlt ein Stern mit hellem Schein,
gerade in den Stall hinein.
Maria und Josef freuen sich sehr,
es eilen auch die Hirten daher.
Es kommen Kinder, Männer und Frauen,
sie wollen alle das Kind anschauen.

Malen – Basteln – Gestalten

Rosen – Adventskalender

Im Gesprächskreis
betrachten wir eine Rosenknospe und fühlen, wie fest die Blätter einander umschließen. Wir können nicht sehen, was sich in der Knospenmitte verbirgt. Wir stellen die Rose ins Wasser und die Kinder spekulieren, wie viele Tage es wohl dauert, bis sie aufgeblüht ist. Welche Voraussetzungen sind dafür nötig?
Wir überlegen, ob man auch von Menschen sagen kann, dass sie verschlossen oder offen sind.

Das Evangelium von der Verkündigung (Joh 1,26-38) bietet dazu einen guten Einstieg.
- Maria kann mit einer Knospe verglichen werden, die sich Gott geöffnet hat. In früheren Liedern wird sie als »edle Rose« bezeichnet. Was ging in Maria vor, als sie die Botschaft des Engels hörte? Wir lesen in der Bibel, dass sie ohne Wenn und Aber bereit war für ihre Aufgabe.

Material
Weiße feste Pappe – weißes Seidenpapier – Bleistift – Schere – Klebestift – Kleber

So wird's gemacht
1. Schritt: Aus der weißen Pappe schneiden wir eine Scheibe von ca. 7 cm Ø.
2. Schritt: Das weiße Seidenpapier nehmen wir doppellagig (weil stabiler) und schneiden 6 Blütenblätter daraus. Mit dem Klebestift kleben wir je 2 Lagen aufeinander, kräuseln sie an der glatten Kante und kleben

sie übereinander um den Kreis. Die 6 Blütenblätter formen wir zu einer Knospe nach innen.

3. Schritt: Die nächsten 6 doppellagigen Blütenblätter werden 2 cm größer ausgeschnitten (= 10 cm), versetzt auf die Lücke geklebt und ebenfalls zur Knospe geformt.

4. und 5. Schritt: wiederholen sich in der Technik, wobei sich jede Blütenblattreihe um 2 cm vergrößert. Abschließend sind 24 Blütenblätter geschuppt zu einer großen Knospe geformt.

Weg und Ziel

■ Wir schmücken einen Adventstisch mit Zweigen und legen die Rosenknospe in die Mitte. Während der ganzen Adventszeit wird sie Mittelpunkt sein für Gespräche und Meditationen.
Die Knospe hat etwas Verborgenes, was man nur erahnen kann. Erst nach und nach öffnet sie ihre Blütenblätter.

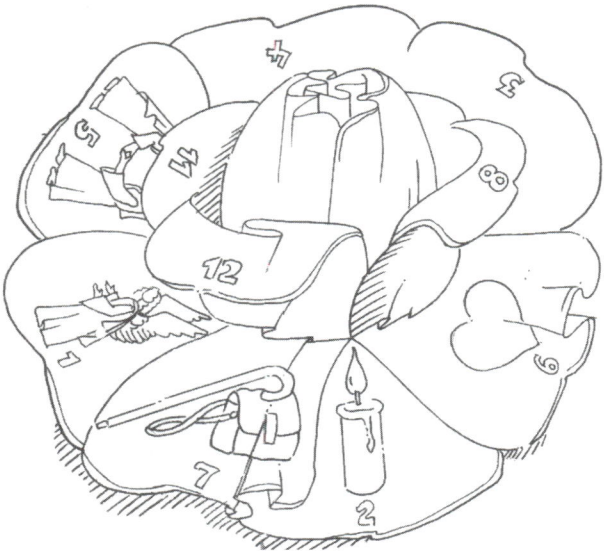

Zeichnung: Ursula Stein-Wöbke

Jeden Tag öffnen wir ein Rosenblatt, überlegen eine Begebenheit aus Marias Leben und malen sie als Symbol auf Papier, das ausgeschnitten und aufgeklebt wird. Ein Kind kann ein Teelicht als Zeichen dafür aufstellen, dass wir uns wie Maria für Jesus öffnen wollen. Begebenheiten können sein:

Gottes Wort = *Engel*, die Freude in Maria = *Kerze*, ihre Bereitschaft = *offene Hände*, Maria spürt neues Leben in sich = *Herz*, Maria besucht Elisabeth = *Wanderstab und Tasche*, Maria bleibt bei Elisabeth = *zwei Frauen* ... So blüht die Rose langsam auf und sie zeigt uns in ihrer Fülle, dass Maria sich Ja zu sagen traute, weil sie vertraute.

Schlüssel zum Herzen

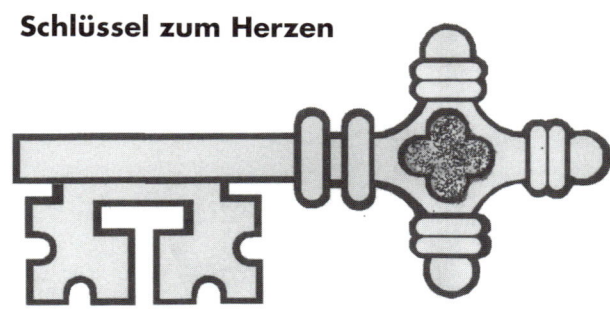

Vorlage: Margarete Mix

Jeder wird schon einmal erlebt haben, wie das ist: vor einer verschlossenen Tür stehen und nicht hinein oder hinaus können – ausgeschlossen zu sein – die Tür vor der Nase zugeschlagen bekommen – lange vor der Tür warten müssen ...
Dieser Schlüssel soll uns in der Adventszeit daran erinnern und dabei helfen, niemanden auszuschließen, vielleicht sogar »verklemmte« Türen wieder aufzuschließen.

So wird's gemacht

Der Schlüssel (Kopiervorlage vergrößern) wird auf farbigen Fotokarton übertragen und ausgeschnitten. Dazu kann er mit einem guten Wunsch, mit Glitter verziert und einem Band zum Umhängen versehen werden. Nun gibt es viele Möglichkeiten, in welcher Form und an wen er verschenkt wird.
Und schon kann aus einer Außenseiterrolle eine wichtige »Schlüsselposition« werden.

Fensterbild: Friedensengel

Die Redewendung »Du bist ein Engel« nehmen wir wörtlich und jedes Kind darf in der Adventszeit als »Engel« am Fenster nach innen und nach außen leuchten.

Der Engel kann in der Hand noch verschiedene Symbole tragen wie Kerze, Herz, Glocke, Trompete …

So wird's gemacht

Die Kopiervorlage wird vergrößert, auf weißen Fotokarton übertragen und so ausgeschnitten, dass ein Engel-

Zeichnung: Margarete Mix

rahmen bleibt. Auf die Rückseite wird weißes oder gelbes Transparentpapier geklebt und alle überstehenden Papierreste von der Engelform abgeschnitten. Nun überlegen die Kinder, welches Symbol sie ihrem Engel aus Tonpapierresten ausschneiden und in die Hand geben.

Ein goldenes oder silbernes Stirnband und Glitter auf den Flügeln verleihen der himmlischen Heerschar die nötige Würde.

Backen

Weihnachtsgebäck

Vorlage: Ursula Stein-Wöbke

Vorlagen: Margarete Mix

So wird's gemacht

Mehl und Backpulver auf ein Backbrett geben und die Butter in Flöckchen darauf verteilen. Die restlichen Zutaten beifügen und zu einem Mürbeteig verkneten. Den Teig portionsweise auf einer bemehlten Fläche ausrollen und mit Backformen ausstechen.

Die Plätzchen auf mittlerer Schiene im vorgeheizten Ofen 10-12 Minuten goldgelb backen, vorsichtig vom Backblech heben und abkühlen lassen.

Puderzucker und Zitronensaft zu einer dickflüssigen Glasur verrühren und je nach Farbzusatz in Schälchen portionieren. Aus Pergamentpapier kleine Spitztüten drehen, die Glasur einfüllen, die Spitze abschneiden und die Plätzchen verzieren. Das Zuckerwerk mit der Glasur »aufkleben«

Zutaten

500g Mehl – 150g Butter – 2 Esslöffel Honig – 2 Eier – 1 Esslöffel Dosenmilch – 1 Esslöffel Zitronensaft – 1 Päckchen Backpulver.
Verzieren: buntes Zuckerwerk – 300g Puderzucker – 1 Essl. Zitronensaft – Lebensmittelfarbe nach Wahl.

- Wer könnte den leckeren, bunten Weihnachtsplätzchen widerstehen? Sie sind ein Muss bei jeder Weihnachtsbäckerei und schmecken zum Adventstee, werden Gästen auch gerne zur Erinnerung mitgegeben oder an liebe Menschen verschenkt.

Lieder – Tanz – Musik

Engelslied

1. Es kann gescheh'n, es kann gescheh'n:
Gott sen-det ihn zu mir: den En-gel, der so
lei - se naht, er braucht nicht Tor, nicht Tür.

2. Es kann gescheh'n, es kann gescheh'n:
er naht ganz unerkannt,
denn Engel mancherlei Gestalt,
schickt Gott in's weite Land.

3. Es kann gescheh'n, es kann gescheh'n,
das sagt Maria nun:
Gott sendet Engel unverhofft,
sie soll'n uns Gutes tun!

Text und Melodie: Wolfgang Longardt
Alle Rechte beim Autor

Wie eine Kerze leuchtet

1. Wie ei - ne Ker - ze leuch - tet, so
möcht ich sel - ber sein. ___ Ich möch - te Licht ver-
brei - ten. Ich möch - te leuch-tend sein. ___

Ref.: Ma - che dich auf und wer - de Licht.
Ma - che dich auf und wer - de Licht.

2. Wie eine Kerze warm macht,
so möchte ich selber sein.
Ich möchte Wärme schenken,
mein Herz soll Liebe sein.

3. Wie eine Kerze aufstrahlt,
so möchte ich selber sein.
Ich möchte Freude schenken,
ich möchte fröhlich sein.

Text und Melodie: Franz Kett
Aus: Religionspädagogische Praxis, Hand-
reichung für elementare Religionspädagogik
(IV/1982), S. 64 »Gegrüßet seist du, Maria«;
Alle Rechte beim RPA Verlag, Landshut

Macht die Türen auf

Tanzvorschlag
Paarweise stehen die Kinder in einer
Reihe gegenüber.
Takt 1-4
Sie heben die Arme, strecken sie zum Partner
und bilden eine Tür.
Takt 5-6
Sie lösen die Hände und heben sie
geöffnet nach oben.
Takt 7-8
Sie reichen sich wieder die Hände zum Tor.
Refrain
Die Letzten beginnen durch das Tor zu gehen,
die anderen folgen ihnen und so setzt sich die
Reihenfolge fort.

Ei - ne Tür, ei - ne Tür tut sich auf für mich,
und das Licht, und das Licht, das grüßt dich und mich.
Macht die Tü - ren auf, macht die Her - zen weit
und ver - schließt euch nicht: Es ist Weihnachtszeit!

Text: Wolfgang Longardt, Melodie: Detlev Jöcker
Aus: MC und Buch »Hört ihr alle Glocken läuten«,
Alle Rechte im Menschenkinder Verlag, Münster.

2. Tritt herein, tritt herein,
schau das Wunder an,
wie ein Kind, wie ein Kind
uns verwandeln kann.
Macht die Türen auf ...

3. Jesus kommt, Jesus kommt,
lädt zum Frieden ein.
Lass den Streit, lass den Streit,
es darf Weihnachten sein.
Macht die Türen auf ...

Spiel

In der Advents- und Weihnachtszeit haben Theaterstücke mit weihnachtlichen Themen lange Tradition. Früher wurden die szenischen Darstellungen des Weihnachtsevangeliums nur in Kirchen und Klöstern gespielt, während heute weihnachtliche Themen auch in Kindergärten, Schulen und Gemeinden aufgeführt werden. Ob es Sprech- oder Stegreifspiele, Schatten- oder Krippenspiele sind, die Kinder machen begeistert mit. Selbst die Jüngsten wollen wenigstens als Statisten eingebunden sein.

Meditation: Auf dem Weg zum Licht

Vorbereitung
Aus grünen Zweigen von Tannen, Fichten u.a. wird ein Weg gelegt, der in einer großen Spirale von außen zu einer Mitte führt. Jedes Kind bekommt eine Kerze und bereitet dafür einen Apfel als Kerzenständer vor. Der

Foto: Michael Schnabel

Apfel wird blank poliert, damit er mit der Kerze um die Wette strahlen kann. Am Stielansatz wird ein Loch in den Apfel gebohrt, mit buntem Papier ausgelegt und die Kerze hineingesteckt.

21

Die Feier

Die Kinder kommen mit ihrer Kerze in den abgedunkelten, vorbereiteten Raum und nehmen am Rand der Spirale Platz. Leise Musik sorgt schon zu Beginn für eine besinnliche Stimmung. Den Kindern wird der Ablauf der Feier erklärt. Dann geht jeder langsam die Spirale entlang bis zur Mitte, zündet dort seine Kerze an der großen an und stellt sie beim Zurückgehen auf die Spirale. Dabei ist das Singen von Advents- und Weihnachtsliedern zentraler Bestandteil. Wenn alle Kinder ihre Kerzen aufgestellt haben, singen wir zum Abschluss »Wie eine Kerze leuchtet«. (S. 20)

3. Projektbeispiel

Weihnachtsspiel von der Geburt Jesu

Dieses kleine Singspiel wird nach der Melodie »Ihr Kinderlein, kommet« gesungen. Die Kinder stehen in einem Halbkreis und treten für ihren Gesang einige Schritte vor. Folgende Rollen werden besetzt: Maria, Josef, 2 Wirte, Engel, Chorsänger, ein Solist. Nach ihrem Auftritt gliedern sie sich wieder in den Halbkreis ein.

Alle: Wir spielen die Botschaft der Heiligen Nacht, die unserer Welt den Erlöser gebracht.
Einer: Nun höret und glaubet, Gott ist uns nicht fern. Kommt, singet und lobet und danket dem Herrn!
Engel: Ich grüß dich, Maria, du bist erwartungsvoll. Gott schenkt dir ein Kind, das die Welt retten soll.
Maria: Was soll das bedeuten? Ich kann's nicht versteh'n. Doch Gott ist mein Herr, was er will, soll gescheh'n.
Alle singen das Lied »Es kann gescheh'n« (3 Strophen)
Josef: Maria, wir müssen nach Bethlehem geh'n. Der Kaiser befiehlt es, so muss es gescheh'n.
Maria: Der Weg ist gefährlich, er ist ziemlich weit. Doch Gott wird uns führen; drum bin ich bereit.
Alle: Sie haben die mühsame Reise gemacht. Nun sind sie in Bethlehem, bald wird es Nacht. Sie klopfen am Wirtshaus.
Maria und Josef: Herr Wirt, lass uns ein!
1. Wirt: Hier ist es schon voll, ihr könnt nicht mehr herein!
Alle: Sie gehen zur Herberge gleich nebenan. Sie klopfen und fragen; der Wirt, der sagt dann:
2. Wirt: Auch hier ist kein Platz. Ihr könnt nicht mehr herein. Doch richtet im Stall euch ein Nachtlager ein.

Alle: Dort draußen im Stall hat inmitten der Nacht Maria das Christkind zur Welt jetzt gebracht. Und Engel verkünden den Hirten im Feld:
Einige Engel: Der Retter kam heut' in das Dunkel der Nacht.
Engel: Lauft eilig zum Stalle und schaut und seid froh, dort liegt er als Kind in der Krippe auf Stroh.
Alle: Die Hirten, sie laufen, noch ehe es tagt, und finden, was ihnen der Engel gesagt.
Alle singen noch einmal das Lied »Es kann gescheh'n«

Foto: Peter Wirtz

4. Theologisches Schlaglicht

Advent

Wenn sich das Grau des Novembers durchgesetzt hat und die Nächte länger werden, beginnt die Adventszeit. Ende November beziehungsweise Anfang Dezember ist der erste Adventssonntag. Er ist der Beginn des Kirchenjahres und die Vorbereitung auf das Weihnachtsfest, die Feier der Geburt Jesu.

Im Advent warten die Christen auf die Geburt Jesu und bereiten sich auf dieses Fest vor. Weiterhin kann das Leben der Menschen als ein Warten auf Erlösung im Tod gesehen werden.

Der Adventskranz zeigt uns: Vier Wochen dauert das Warten bis zum Weihnachtsfest. Angeblich hat die Menschheit viertausend Jahre auf den Erlöser gewartet. In der Adventszeit werden Stimmungen, Hoffnungen und Ängste dieses Wartens wieder wach: Lohnt sich das Warten? Wird das Warten ein Ende haben? Werden sich die Erwartungen erfüllen?

Die Liturgie greift Texte aus dem Alten Testament auf, in denen die Menschen in Gebeten und Liedern ihre Sehnsucht nach dem Retter und Erlöser ausdrückten.

Diese Stimmungen durchziehen auch die Adventszeit: Das Warten verlangt Geduld, es nährt Zweifel und Hoffnungen. Warten lässt das kommende Ereignis spannender werden, steigert die Freude und Begeisterung.

Und daher erleben Erwachsene wie Kinder in der Adventszeit ein Gespür für das Geheimnisvolle, für ihre Wünsche, Erwartungen und Hoffnungen. Den Kindern wird diese Zeit des Wartens erleichtert durch den Adventskalender. Kerzen und Lichter sind Symbole der Hoffnung. Sie verweisen darauf, dass sich die Erwartung auf Erlösung erfüllen wird. Eine Erfüllung, die mit Jesu Leben und Wirken die Menschen erreicht hat.

Michael Schnabel

Weihnachten

An Weihnachten feiern die Christen die Geburt Jesu. Das Wort »Weihnachten« verweist darauf: Es ist die heilige Nacht, in der Jesus, der Sohn Gottes, geboren wurde.

Die Christen sehen darin ein feierliches, festliches und göttliches Ereignis, denn mit der Geburt Jesu beginnt die Erlösung der Menschen. Die Freude, dass Gott den Menschen Jesus und seine Botschaft zukommen ließ, kommt in Weihnachtsliedern, in Geschichten und Spielen, in Musik und Brauchtum zum Ausdruck. Ganz besonders deutlich wird das Festereignis, wenn eine Krippe aufgestellt wird. Die Figuren sollen erzählen und aufzeigen, was sich an Weihnachten ereignete.

Weihnachten ist in erster Linie das stimmungsvolle Erleben des heiligen Abends in der Familie. Kinder und Erwachsene beschenken sich gegenseitig. Die Bescherung ist ein Bild der Freude und des Glücks darüber, dass Gott mit der Geburt Jesu den Menschen das schönste Geschenk gemacht hat.

Das freudige Ereignis wird gleich mit zwei Festen begangen: das Weihnachtsfest am 25. Dezember und das Fest »Erscheinung des Herrn« am 6. Januar. Beide Feste haben ihren Ursprung in biblischen Erzählungen. Die Geburt Jesu wird bei Lukas erzählt (Lk 2,1-20) und ist somit der Ausgangspunkt des Weihnachtsfestes am 25. Dezember. Matthäus (Mt 2,1-12) erzählt von der Huldigung der Sterndeuter. Es ist heute noch in der Ostkirche das eigentliche Weihnachtsfest.

Weihnachten als Fest der Geburt im Stall von Bethlehem ist erst im 4. Jahrhundert nachgewiesen und hat sich besonders im romanischen und germanischen Raum durchgesetzt. Der 25. Dezember ist dort vorher der Tag der Wintersonnenwende gewesen, wahrscheinlich gab es bereits bei den Germanen ein Fest. Im römischen Reich wurde am 25. Dezember das Fest des unbesiegbaren Sonnengottes gefeiert. Die Christen haben diesem Fest einen christlichen Sinngehalt verliehen: Christus als die aufgehende Sonne, Christus als die unbezwingbare Sonne der Gerechtigkeit.

Michael Schnabel

2. Kapitel: Fasching und Fastenzeit

1. Einstieg Fasching

Die Narrenzeit beginnt

Sich verkleiden, Furcht erregende Masken tragen und laute Musik machen kommt aus den Bräuchen der Germanen, die damit die bösen Wintergeister vertreiben und die Wachstumsgeister des Frühlings wecken wollten.
Aus all dem ist die heutige närrische Zeit gewachsen, die überall anders heißt: Karneval, Fasching, Fasnet, Fastnacht oder Fasenacht. Das närrische Volk treibt und redet viel Unsinn. So steckt im Wort Fasenacht das alte deutsche Wort faseln: dummes Zeug reden. Die richtig tollen Tage beginnen am Donnerstag vor Aschermittwoch mit der Weiberfastnacht. Weitere Höhepunkte sind Fasnachtsonntag, Rosenmontag und Faschingsdienstag. Am Aschermittwoch beginnt die Fastenzeit, die 40 Tage bis Ostern dauert. Ab sofort soll auf Fleisch verzichtet werden. Fleisch, lebe wohl heißt im Lateinischen carne vale – woher der Name Karneval kommt.

Foto: Lothar Nickel

In der Faschingszeit herrscht ausgelassene Fröhlichkeit. Es macht Spaß, in die Rolle eines anderen zu schlüpfen und jeden mit »Helau« oder »Alaaf« zu begrüßen. »Ich könnte aus der Haut fahren!« sagen wir wütend, wenn wir uns nicht mehr wohl fühlen, und jeder kennt den Wunsch, auch nur für kurze Zeit jemand anders zu sein.

Bilder vom Faschingstreiben

schneiden wir aus Zeitschriften aus und sammeln Poster mit Abbildungen von Masken und Kostümen. Vielleicht entdecken die Kinder dabei ähnliche Bilder, die z.B. dem Maskenfest in Venedig zugeordnet werden können, der Schwäbischen Fasnet mit den schellenbesetzten Hexen und Narren oder dem bunten rheinischen Karneval. Kleben wir die Bilder zu einer langen Collagenreihe, so kann im Gruppenraum oder Flur ein lustiger Faschings-

zug entstehen, der, mit Luftschlangen geschmückt, sicher neugierig auf weitere Aktionen macht.

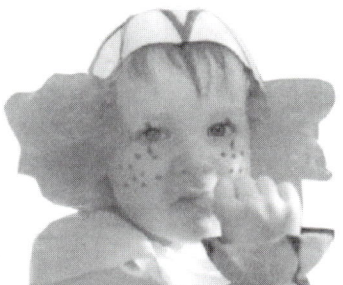

Foto: Margarete Mix

Gespräche

Beim Betrachten der Faschingsbilder in der Collagenreihe werden die »inneren« Bilder des Kindes angeregt. Hat es schon selbst einige Eindrücke und Erfahrungen dazu gemacht, so tauscht sie diese gerne mit anderen Kindern aus.
Wir hören jedem Kind aufmerksam zu und erfahren dabei, ob es die Faschingszeit fröhlich und ausgelassen oder ängstlich erlebt hat; vor allem jüngere Kinder fühlen sich trotz anfänglicher Begeisterung in ihrer Verkleidung dann doch unsicher.
Für alle ist es interessant, wie in den Familien Fasching gefeiert wird und welche Riten und Bräuche dabei den Ablauf bestimmen.

2. Ideen für die Kinderwerkstatt

Fingerspiel

von den fünf Gespenstern
Fünf Gespenster
hocken vor dem Fenster.
Das Erste schreit: »Haaaaaaa, ich bin da!«
Das Zweite heult: »Hooooooooo, weißt du denn wo?«
Das Dritte brummt: »Huuuuuuuu, schließ Tür und Fenster zu!«
Das Vierte lacht: »Hiiiiiiii, du findest mich nie!«
Das Fünfte schwebt zu dir herein
und flüstert: »Woll'n wir Freunde sein?«

Zeichnung:
Margarete Mix

- Die fünf Fingerspitzen malen wir mit weißer Fingerfarbe an. Sobald diese angetrocknet ist, setzen wir mit dunklem Filzstift Augen und Mund hinein. Jedes Gesicht sollte anders aussehen.

Beim Spiel öffnet sich die Faust und ein Finger nach dem anderen zeigt sein Gesicht. Bei der letzten Zeile flüstert das Gespenst dem Nachbarn die Frage ins Ohr.

Malen – Basteln – Gestalten

Der Faschingsspaß beginnt schon beim

Schmücken

mit bunten Luftschlangen – Luftballons – Girlanden aus Krepp- und Buntpapier – Lampions – Masken – bunten Glühbirnen – Plakaten und Collagen – Wandverkleidungen und Requisiten, die das jeweilige Motto unterstreichen.
Beim Letzteren sind vor allem die Eltern gefragt, aus ihrem Fundus etwas Passendes zur Verfügung zu stellen. Die Dekoration wird gemeinsam mit den Kindern geplant und, je nach dem Thema, genügend Zeit zum Anfertigen eingeplant. Je früher die Kinder in die Planung mit einbezogen werden, umso eigenständiger können sie den Räumen ihre Prägung geben. Vielleicht entwickeln diese sich fantasievoller und kindgerechter, als die Erwachsenen es planten.
Zum Entspannen ist eine ruhigere Zone oder ein eigener Raum ideal, bevor man sich wieder ins bunte Treiben stürzt.

Kostümieren und Schminken

Das ganze Jahr über sollte den Kindern für Rollenspiele ein Spiegel und eine *Verkleidungskiste* zur Verfügung

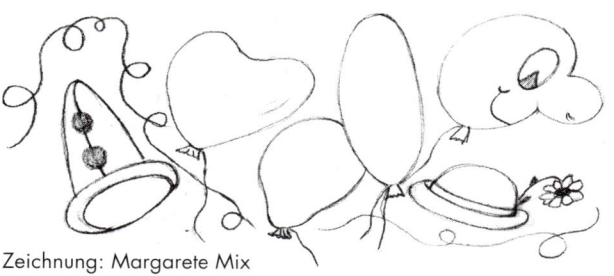

Zeichnung: Margarete Mix

stehen, in der sie Stoffe, Vorhänge, witzige Kleider und Schleier, Umhänge, Stöckelschuhe und auch Requisiten finden wie Hüte, Handtaschen, Gürtel, Krawatten, bunte Bänder und Spitzen, Modeschmuck, Federboas und farbige Tücher.
Am Faschingsfest ziehen die Kinder ihre mitgebrachten Kostüme an oder verkleiden sich mit Hilfe der Verkleidungskiste. Ein Kostüm aus dem Fundus selbst zu kreieren macht oft mehr Spaß als ein fertiges aus dem Laden.
Ist in der *Schminkecke* für genügend Platz und leise Hintergrundmusik gesorgt, so können sich die Kinder selbst oder gegenseitig schminken. Zur Ausstattung gehören ein Schminktisch mit Faschingsschminke und Glitzercreme, ein Wand- und mehrere Handspiegel. Zum Abschminken liegen Papiertücher, Watte und Fettcreme bereit.

Faschingsmaske

Material
1 weißer Partyteller aus Pappe – Schere – Stift – Klebe – Wachsmalkreide oder Fingerfarben – Luftschlangen – Buntpapierreste – bunte Federn – Paletten oder Glitzersteine – Hutgummiband.

So wird's gemacht
Den Pappteller legen wir auf unser Gesicht und markieren Auge, Nase und Mund. Dann schneiden wir die Öffnungen dafür aus und bemalen das Gesicht, je nachdem, was es darstellen soll. Aus den vielerlei Utensilien können Kronen für Prinzessinnen, edler Kopfschmuck für Indianer oder wirre Haare für verwegene Gesellen zum Verzieren der Masken aufgeklebt werden.
Abschließend fädeln wir das Hutgummi an beiden Seiten der Maske in Ohrenhöhe durch und verknoten es.

Backen – Kochen

Was wäre Fasching ohne die vielen Köstlichkeiten! Richtiges genießen will gelernt sein! Auch bei einem ausgelassenen Fest sollten Kinder vom Konsumieren und Verschlingen der Naschereien zum bewussten Genießen herangeführt werden.

Foto: Margarete Mix

Ein Buffet

für Speisen und Getränke ist als beliebter Treffpunkt unverzichtbar. Es wird auch eine lustig dekorierte Tafel hergerichtet, an der sich alle versammeln können. Die Kinder sind glücklich, wenn sie eine Wunschliste für's Buffet zusammenstellen dürfen. In Absprache mit den Eltern und ihrer Mithilfe gibt es sicher eine reiche Auswahl an Speisen und Getränken.

Faschingspunsch

wird für alle Gäste warm serviert:
1 l Orangensaft, 1 l roten Traubensaft, 1 l Hagebuttentee, 6 El. Honig.
Alle Zutaten werden in einem Topf erwärmt und mit Honig gesüßt. Das vitaminreiche warme Getränk mögen nicht nur kleine, sondern auch große Leute gerne.

Fastnachtsgetränk

erfrischt und schmeckt einfach köstlich!
Nach eigenem Geschmack wird viel Orangensaft mit etwas Himbeersirup, Zitronensaft und Sprudel gemischt und aus Karaffen serviert.

Lieder

Beim Fasching sind Musik und Tanz ein wesentlicher Bestandteil, denn sie sorgen für Stimmung und Spaß. Es ist sinnvoll, bereits einige Wochen vor dem Fest die Kinder mit rhythmisch mitreißenden Hits und Kindertanzplatten vertraut zu machen und aktuelle Karnevalslieder einzuüben. Auch eine *Polonäse* bedarf einer Einübung und ist vor allem bei Erwachsenen zum Präsentieren der Kostüme sehr beliebt. Zu Stimmungsmachern werden Lieder, die durch Bewegungen begleitet werden und zu denen man sich laute *Musikbegleitung* ausdenkt wie: mit Topfdeckeln klappern, auf leere Waschmitteltonne trommeln, auf dem Kamm blasen oder mit einer Rassel aus Kronkorken den Takt dazu schlagen.

Spiele

Ratespiel: Weißt du, wer ich bin?

Die Kinder bringen Faschingsfotos von sich selbst mit. Im Ratespiel soll der Name des Kindes und was es darstellt, herausgefunden werden. Dabei sind viele Variationen möglich wie z.B.:

- alle Fotos liegen verdeckt auf dem Tisch. Ein Kind deckt ein Foto auf und rät den Namen des Kindes und was es darstellt. Ist es falsch, so muss es das nächste Foto erraten. Ist es richtig, darf das Kind auf dem Foto weiterraten.

Am Faschingsfest werden vor allem lustige, bewegungsreiche Spiele ausgewählt, die ein sofortiges Mitmachen ermöglichen. z.B. den

Besentanz

Die Kinder stehen im Kreis und zu beliebiger Musikbegleitung wird ein Besen reihum weitergegeben (bei großer Kinderzahl mehrere Besen). Wenn die Musik stoppt, muss das Kind, das gerade den Besen fest hält, ausscheiden und sich in die Kreismitte setzen.
Dann geht das Spiel weiter und der Geschickteste ist Sieger.

Foto: Margarete Mix

3. Einstieg Fastenzeit

Die Fastenzeit beginnt

Alles hat seine Stunde

Alles hat seine Stunde. Für jedes Geschehen unter dem Himmel gibt es eine bestimmte Zeit ... eine Zeit zum Weinen und eine Zeit zum Lachen, eine Zeit für die Klage und eine Zeit für den Tanz.
Koh 3,1-4; 3. Jh.v.Chr.

Gespräche über Aschermittwoch ...

Seit vielen Jahrhunderten ist der Name »Aschermittwoch« gebräuchlich, sodass die Kinder über seinen Ursprung auch etwas erfahren sollten.
An diesem Tag zogen die Menschen vor Jahrhunderten sackähnliche Bußkleider an und streuten sich Asche auf

den Kopf, wenn sie schwere Schuld auf sich geladen hatten. Danach durften sie nur noch im Kirchenvorraum dem Gottesdienst beiwohnen und wurden nach einer Bußzeit erst am Gründonnerstag wieder in den Kreis der Gläubigen aufgenommen. *Als äußeres Zeichen* für die Bereitschaft zur Umkehr können sich die Kinder gegenseitig ein Aschenkreuz auf die Stirn zeichnen.

■ Für dieses kleine Zeremoniell legen wir in die Kreismitte auf ein lila (Farbe der Buße) Tuch ein Kreuz und eine Schale mit Asche. Zum Herstellen der Asche werden die gesegneten trockenen Palmzweige des Vorjahres verbrannt.

In der katholischen Kirche zeichnet der Priester den Gläubigen im Aschermittwoch-Gottesdienst das Aschenkreuz auf die Stirn mit den Worten: »Bedenke, Mensch, dass du Staub bist und wieder zum Staub zurückkehrst«. Wir wissen um unsere Sterblichkeit und hoffen gleichzeitig auf Verwandlung und neues Leben.

Ideenbörse: Lachen

Selbst während des Fastens ist in der Bibel Fröhlichkeit angesagt.
»Mach doch nicht ein so finsteres Gesicht«, sagt Jesus in Matthäus 6,16-18.
Damit gibt er einen Hinweis darauf, dass Fasten immer auf Lebensfreude und Heilung des Lebens zielt. Er möchte, dass wir uns befreien von allem, was uns einengt und belastet.

Die Ideenbörse kann uns bewusst machen, wie motivierend Lachen für unseren Alltag ist.
Wem fallen noch weitere Ergänzungen ein?

... und über die Fastenzeit

»Nichts ist schwerer zu ertragen als eine Reihe von guten Tagen« heißt es im Volksmund.
Da können auch die Kinder schon mitreden und erzählen, was ihnen gut getan oder was ihnen Bauchschmerzen, Übelkeit, Unlust usw. bereitet hat. Die Erfahrungen der Kinder bieten auch Lösungsvorschläge.
Leicht verliert man nach einer Zeit im Überfluss die Balance. Körper und Seele reagieren darauf, was ihnen schadet. Das haben Menschen immer gewusst und eine Zeit des Fastens eingelegt, um auf Nahrung zu verzichten und andere überflüssige Dinge loszuwerden. Das macht frei für etwas Neues. So kann das bevorstehende Osterfest mit seiner frohen Botschaft ein vorbereitetes offenes Herz erreichen. Da können auch die Kinder mit dabei sein und überlegen, was sie belastet, wofür sie frei sein wollen und welche Wege es dafür gibt.

■ Auf ein großes Plakatpapier malen wir in die Mitte einen lachenden Mund und schreiben das Wort »Lachen« hinein.
Gemeinsam sammeln wir Einfälle dazu, was -lachen- bewirkt und schreiben sie großzügig um den Mund. Auch Kinder, die noch nicht lesen können, merken sich die Stelle, an die ihr Vorschlag geschrieben wurde und behalten ihn so.

Fasten im Verborgenen

Wenn ihr aber fastet, so schaut nicht finster drein wie die Heuchler, denn die verstellen ihr Gesicht, damit die Leute merken, dass sie fasten. Wahrlich, ich sage euch: Sie haben schon ihren Lohn. Du aber, wenn du fastest, salbe dein Haupt und wasche dein Gesicht, damit die Leute nicht merken, dass du fastest, sondern (nur) dein Vater, der im Verborgenen ist; und dein Vater, der ins Verborgene sieht, wird dir vergelten

Zum Nachlesen: Matthäus 6,16-18

4. Ideen für die Kinderwerkstatt

Geschichte

Reich und doch bettelarm

Ein reicher Mann starb und erwachte im Paradies. Ein reich gedeckter Tisch versprach ihm wahrhaft himmlische Freuden. Und alles kostete nur einen Pfennig, so sagte man ihm. Da dachte der Mann daran, wie viel Geld er besaß und freute sich von ganzem Herzen darüber, was er alles kaufen konnte.

Doch als er bezahlen wollte, schüttelte man heftig den Kopf: »Bei uns gilt nur das Geld, das einer auf Erden verschenkt hat.« Nein, verschenkt hatte er nichts auf Erden. Der reiche Mann wurde ganz traurig. Im Para-

dies war er plötzlich bettelarm. Er hatte keinen Pfennig der Liebe angespart.

Sage aus Asien

Ein Herz voll Wärme und Liebe

So spricht Gott, der Herr: »Ich nehme das Herz von Stein aus ihrer Brust und gebe ihnen ein Herz von Fleisch.«

Ezechiel 11,19b, alttestamentarischer Prophet, 6. Jh.v.Chr. Warner vor der Hartherzigkeit der Menschen

Malen – Basteln – Gestalten

Auf dem Weg der Umkehr
Was brauchen wir unbedingt – worauf können wir verzichten?

Im Zeichen der Fastenzeit einen neuen Weg einschlagen bedeutet, anders, bewusster und einfacher leben als bisher. Dabei können verschiedene Beweggründe motivieren, die nicht einfach zu trennen sind: zum einen eine Veränderung für das eigene Wohlbefinden oder aus ökologischer Sicht für eine umweltschonende Lebensweise oder der biblische Aufruf zur Umkehr. Auch die Sammelaktionen für bessere Lebensbedingungen der Menschen in der Dritten Welt rufen uns zum Teilen auf.

- In Gesprächen darüber werden die Aussagen der Kinder gesammelt und auf »dem Weg der Umkehr« festgehalten.

So wird's gemacht

Auf der weißen Rückseite einer Tapetenrolle wird ein breiter Weg mit Tusche oder Wachsmalkreide aufgemalt. Am Ziel des Weges leuchtet die Ostersonne. Auf den Weg werden Dinge gemalt – was wir unbedingt brauchen. Zu beiden Wegseiten wird aufgemalt – worauf wir verzichten können.

Zeichnung: Ursula Stein-Wöbke

Dieser »Weg der Umkehr« lässt sich als *Begleiter in der Fastenzeit* immer weiter mit neuen »Erkenntnissen« ergänzen und ausgestalten.

Sein Herz öffnen

Umkehr – ist wesentlich eine Öffnung des Herzens. Wie kommt eine solche Öffnung zu Stande? Ein Weg ist die Erfahrung des Geliebtwerdens, ein anderer ist das Leid des Mitmenschen. Mitleiden ist eine großartige Fähigkeit, ein verhärtetes Herz aufzubrechen. Auch Kinder sind schon in der Lage, mit den Armen und

Leidenden dieser Welt solidarisch zu sein. Beginnen können sie damit in ihrer eigenen vertrauten Umgebung.

- Im gemeinsamen Gespräch werden Erfahrungen darüber ausgetauscht, wo es wichtig war, für jemanden da zu sein. Wo konnten wir vermitteln, trösten, zuhören, Streit schlichten, teilen und vieles mehr? Wie ging es uns dabei, sich selbst zurück zu nehmen?
- Jeder denkt sich aus, für wen oder was er sein Herz öffnen will, und malt es in ein ausgeschnittenes, aufklappbares Herz aus rotem Tonpapier.

Zeichnung: Margarete Mix

Das Herz bekommt einen besonderen Platz und erinnert an unser Vorhaben.

5. Projektbeispiel

Aufgehende Ostersonne

In der Fastenzeit wollen wir Belastendes los werden, um frei zu sein für Dinge, die wir wirklich brauchen. Dazu gehört auch das Wort Gottes, das in den vielen Jesusgeschichten anschaulich wird. Lernen die Kinder das Jesu Leben kennen, so erfahren sie, dass auch er wie sie Freude und Freundschaft, Enttäuschung, Angst und Trauer erlebte und wie er damit umging. Sein Verhalten gibt uns Orientierung für unser Verhalten.
Für jede der 6 Fastenwochen suchen wir eine Jesusgeschichte aus, die unser Jesusbild erweitert und uns zu Ostern hinführt.

Mögliche Jesusgeschichten sind:
Von der Bergpredigt   Matthäus 5,1-12
    Vor einer großen Menschenmenge fasst Jesus die wichtigsten Eigenschaften zusammen, die nötig sind, um in das Reich Gottes aufgenommen zu werden.
Von Zachäus, dem Zöllner   Lukas 19,1-10
    Jesus wendet sich auch Verachteten zu und sucht ihre Gemeinschaft.
Vom barmherzigen Samariter   Lukas 10,29-37
    Das Leid anderer bemerken und Hilfe leisten.
Vom blinden Bartimäus   Lukas 18,35-43
    Der Glaube macht sehend.
Vom verlorenen Sohn   Lukas 15,11-31
    Der verzeihende Vater nimmt den reumütigen Sohn in Freuden auf.
Von der Gefangennahme und seinem Tod   Matthäus 26,47-51
    Jesus nimmt sein Leid und seinen Tod an.

So wird's gemacht
Auf eine freie Wand heften wir eine Sonne aus gelbem Tonpapier mit sechs Strahlen (wie Stern) und kleben in die Mitte ein Auferstehungsbild. Anfangs sind alle Strahlen zur Mitte hin geschlossen.
Zu Beginn jeder Fastenwoche gestalten wir ein Bild, das uns durch die Woche begleitet. Ein Sonnenstrahl wird aufgeklappt und an sein Ende das fertige Bild geheftet.

Abbildung: Margarete Mix

Am Ende der Fastenzeit strahlt die ganze Ostersonne mit dem auferstandenen Jesus.

6. Theologisches Schlaglicht

Fasching und Fastenzeit

Fasching und Fastenzeit sind zwei Zeitabschnitte von sehr gegensätzlichem Charakter: Im Fasching steht ausgelassenes Treiben, Vergnügen, Humor, Spott und Fröhlichkeit im Mittelpunkt. Die Fastenzeit lädt ein zu Besinnung, Einschränkung, Ruhe und Einkehr. Da Fasching und Fastenzeit direkt aufeinander folgen, stehen sie vielleicht doch in einer sinnvollen Verbindung?

Ein nahe liegender Gedanke: Vor dem strengen Fasten, vor einer radikalen Einschränkung möchte jeder noch einmal so richtig über die Stränge schlagen. Daher war es im Mittelalter in den Klöstern üblich, vor der Fastenzeit nochmals üppig zu essen und zu trinken. Auch wurden die Regeln des Zusammenlebens gelockert oder »verdreht«: Beispielsweise spielte der Mönch auf der untersten Stufe der Hierarchie den Leiter des Klosters, oder Schüler übernahmen die Rolle der Lehrer oder des Schulleiters. Fasching und Fastenzeit sind auch durch einen tiefer liegenden Sinn verbunden: Im Fasching ist die Fröhlichkeit, das ausgelassene Treiben und die Ungezwungenheit äußerlich. Dagegen lässt die Fastenzeit die innere Fröhlichkeit aufleben, sie führt den Menschen zu Einfallsreichtum und schenkt Gelassenheit und Festigkeit. Der Reichtum geistiger und seelischer Fähigkeiten entfaltet sich. Menschen, die fasten, weiten ihre Freiheit aus, indem sie sich von Gewohnheiten und Routine lösen. Sie dringen zu einer neuen Lebens- und Wahrnehmungsfähigkeit vor.

Das Kirchenjahr lädt ein, in der Fastenzeit durch Verzicht und Einschränkung ein neues Körpergefühl und neues Bewusstsein zu erreichen. Die Fastenzeit ist somit auch eine intensive spirituelle Zeit.

Michael Schnabel

32

Frühling

Foto: Peter Santor

Einführung: Frühling

Nach unserem Kalender beginnt das Frühjahr am 21. März, wenn Tag und Nacht gleich lang sind. Von da an werden die Tage immer länger und die Nächte kürzer. Draußen wird es wieder wärmer und manches beginnt sich zu regen. Bäume und Sträucher zeigen die ersten grünen Spitzen und auf der Wiese strecken die Krokusse ihre Köpfe aus dem Boden. Der Igel, der den Winter verschlafen hat, wacht auf und verlässt hungrig sein Winterquartier, um nach Schnecken und Würmern zu suchen. Plötzlich ist die Luft voller Vogelgezwitscher. Eifrig fliegen Meisen und Buchfinken, Amseln und Spatzen und all die anderen hin und her und bauen ihre Nester, denn schon bald wollen sie brüten und Junge aufziehen. Überall kündigt sich neues Leben an.

Auch die Menschen freuen sich auf den Frühling. Die ersten Sonnenstrahlen locken viele in die freie Natur, um die warme Luft zu genießen. Manche Menschen fühlen sich im trüben Winter oft müde und niedergeschlagen. Das helle Licht eines Frühlingstages jedoch erheitert ihr Gemüt und gibt ihnen neue Lebenskraft. Viele sagen: »Ich fühle mich wie neu geboren.« Im Frühjahr, wo alles erwacht, breitet sich neues Leben über die Erde aus, so als erlebten sie eine neue Schöpfung.

Das Erwachen der Natur erinnert uns wieder an die Schöpfungsgeschichte: »Und Gott sprach: Es lasse die Erde aufgehen Gras und Kraut, das Samen bringe, und fruchtbare Bäume auf Erden, die ein jeder nach seiner Art Früchte tragen, in denen ihr Same ist. Und es geschah so. Und die Erde ließ aufgehen Gras und Kraut, das Samen bringt, ein jedes nach seiner Art, und Bäume, die da Früchte tragen, in denen ihr Same ist, ein jeder nach seiner Art. Und Gott sah, dass es gut war« (1 Mose 1,11 u. 12). So hat alles Leben in Gott seinen Ursprung, ist ein Geschenk Gottes.

Im Frühjahr feiert die Christenheit ihr höchstes Fest, Ostern, das Fest der Auferstehung Jesu Christi. Es wird nicht ohne Grund zu Anfang des Frühjahrs gefeiert: Wie in der Natur, so schafft Gott in der Auferstehung Jesu Christi neues Leben, schenkt das Leben neu, das am Kreuz verloren schien.

Woher das Wort »Ostern« kommt, weiß man nicht genau. Es kann sein, dass darin das Wort »Osten« steckt, das den Sonnenaufgang bezeichnen soll. Ostern hat mit zunehmendem Licht zu tun. Vielfach wird Christus als die aufgehende Sonne bezeichnet, die die Dunkelheit vertreibt. Weil Ostern das neu erschienene Licht aufgeht, zünden wir nach altem Brauch in der Feier der Osternacht eine große Kerze an, die uns das ganze Jahr hindurch an Ostern erinnern soll.

Zu Ostern gibt es eine ganze Reihe von Bräuchen, die noch aus vorchristlicher Zeit stammen. Die frühe Christenheit hat ja heidnische Gebräuche nicht einfach abgelegt und beseitigt, sondern sie mit christlichen Inhalten gefüllt. Dazu gehört das Osterei, dessen zerbrochene Schale das offene Grab Christi darstellen soll, das aber auch ein Lebenssymbol ist, weil aus ihm neues Leben entsteht, sei es, dass es ausgebrütet wird, oder sei es, dass es uns zur Nahrung dient. Und der Osterhase ist Symbol der Fruchtbarkeit, weil er sich von allen damals bekannten Tieren am meisten vermehrt.

Die im Frühjahr erwachende Natur und das Fest der Auferstehung Jesu gehören zusammen. Zwar wollen wir die Einzigartigkeit der Auferstehung nicht in den jährlichen Rhythmus der Natur einebnen, aber sie zeigt uns doch, was es heißt, neues Leben zu empfangen. Schließlich ist es die gleiche Schöpfermacht Gottes, die Jesus von den Toten auferweckt hat und die uns jedes Jahr aufs Neue besonders deutlich im Frühjahr begegnet.

Gerhard Rödding

1. Einstieg

Von Palmsonntag bis Ostern

Die Woche von Palmsonntag bis zum Osterfest ist eine Sammlung von Gedenktagen, wo tief greifende, traurige und fröhliche Empfindungen nahe beieinander liegen:
Am *Palmsonntag* Jesu festlicher Einzug nach Jerusalem, der *Gründonnerstag* mit den Ereignissen der Fußwaschung und dem letzten Abendmahl Jesu mit seinen Jüngern, der *Karfreitag* mit dem Verrat durch Judas, die Verleumdung durch Petrus, der Verspottung und dem Tod Jesu am Kreuz und schließlich *Ostern*, als das Fest der Freude, dass Jesus auferstanden und nicht mehr bei den Toten zu finden ist.
Die Phase zwischen Karfreitag und dem Osterfest ist eine nicht zu trennende Einheit, denn Kreuz und Auferstehungshoffnung gehören zusammen.

Wir können den Kindern in diesen Tagen gut und einfühlsam verdeutlichen, was Traurigkeit, der Verlust eines guten Freundes, Alleinsein und Hoffnung, Freude sowie Kraft zum Weiterleben bedeuten. Der Umgang mit diesen ambivalenten Gefühlen bewegte die Menschen über Jahrhunderte, sie anschaulich zu verarbeiten. So haben Künstler ein reiches Kulturgut an *Bildern* und *Skulpturen* hinterlassen, die wir mit den Kindern betrachten können. Es entwickelten sich auch je nach Region und Glaubensrichtung unterschiedlich ausgeprägte *Bräuche*, in die Jung und Alt einbezogen wurden. Vor allem die Osterzeit kennt davon eine Fülle. Es lohnt sich, die Vielfalt der Bräuche im eigenen Umfeld (wieder) zu entdecken und mit den Kindern auszugestalten.

Foto: Quelle unbekannt

Ideenbörse: Die Reihe der Stationen

Im täglichen Kindergartenalltag liegen Fröhlichsein und Weinen manchmal ganz dicht beieinander. Das Dornige, das Schmerzhafte ist auch eine Erfahrung der Kinder. Höhen und Tiefen mit den Kindern zu erleben ist mit Hilfe der Passions- und Ostergeschichte einfühlsam möglich.

Sammeln wir mit den Kindern einmal ihre Assoziationen zu der Geschichte von Jesu Einzug nach Jerusalem (Lk 19,28-40) – Jesus und seine Jünger im Garten Gethsemane (Lk 22,39-53) – Jesus wird verraten, verspottet und verleugnet (Lk 22,1-6.54-62; 23,32ff.) – Jesus muss sein eigenes Kreuz tragen (Lk 23,26ff.) – Jesus stirbt (Lk 23,44-46) – Jesus begegnet den Frauen und seinen Jüngern am Ostermorgen (Lk 24).

- Wir schreiben oder malen diese Ideen so auf, dass sich von Palmsonntag bis Ostern eine geschwungene Linie ergibt mit einzelnen Stationen, denen wir die Assoziation zuordnen. Auf diese Weise wird auch die Einheit der Festtage in der Karwoche deutlich erkennbar.

2. Ideen für die Kinderwerkstatt

Palmsonntag

Die Karwoche beginnt mit dem Palmsonntag, an dem wir Christen den Einzug Jesu in Jerusalem feiern. Die Evangelisten Markus und Lukas haben darüber berichtet.

Geschichte

Einzug Jesu in Jerusalem   Markus 11,1-10

Malen – Basteln – Gestalten

Binden eines Palmbuschens

Der Überlieferung nach hielten die Menschen beim Einzug Jesu in Jerusalem Zweige in den Händen und jubelten ihm zu.

Zur Erinnerung an den Einzug Jesu gehören bis heute Palmprozessionen zum Brauchtum. Da bei uns keine Palmen wachsen, werden sie durch andere Zweige ersetzt: Weidenkätzchen, Haselnuss, Buchsbaum, Wacholder und Stechpalme.

Beim Binden des Palmbuschen gehören nach altem Brauch immer 3 Zweige von jeder Art dazu, die kunstvoll auf einen Haselzweig gebunden werden. In

Zeichnung: Margarete Mix

manchen Gegenden nimmt man auch nur Buchsbaum oder Weidenkätzchen. Mit bunten Bändern üppig geschmückt sehen die Palmbuschen prächtig aus.

Vor der Prozession werden sie gesegnet. Nach dem Gottesdienst stecken manche die Zweige an's Kreuz in der Wohnung oder legen sie auf's Grab der Verstorbenen, auch in die Felder und Wiesen, um den Segen Jesu zu erbitten.

Königskrone
(wird zur Dornen- und Osterkrone)

Er ist der König, der gibt, was wir brauchen.
Wir alle tragen viele Bilder von Königen in uns.

Bilder aus der Märchenwelt, aus Erzählungen und aus der Geschichte. Sie verbinden sich mit Glanz, Macht und Reichtum aber auch mit dessen Unterdrückung und Missbrauch.

Seit Generationen hofft das Volk Israel auf den gerechten König, der es zum Leben führt. Nun erkennt Jerusalem in Jesus seinen König und jubelt ihm zu. Wie oft hat er Kranken und Sündern neues Leben geschenkt. Er selbst sagt: Ich gebe das Leben, ich bin das Brot des Lebens, die Quelle lebendigen Wassers, das Licht der Welt.

Material

Gelber Fotokarton – Schere – Wachs- und Glitzerstifte – Glanzpapierreste – Kleister – Hefter

So wird's gemacht

Der gelbe Fotokarton wird so aneinandergeklebt, dass ein Streifen von ca. 1,20 m Länge und 40 cm Höhe entsteht. An einer Längsseite werden Zacken für die Krone ausgeschnitten.

Nun malen die Kinder auf die Hälfte der Krone Bilder, die zeigen, was uns täglich geschenkt wird ohne unser Zutun und was uns froh macht. Die andere Hälfte wird freigelassen für spätere Bilder aus dem Ostergeschehen. Mit Glanzpapier und Glitzer können die Ränder der Krone verziert werden und ihr ein königliches Aussehen verleihen.

Die Enden der Krone werden nicht aufeinander geklebt, sondern nur geklammert, damit sie gewendet werden kann für weitere Szenen aus der Karwoche (S. 41).

■ Bei der Palmprozession können Kinder die Krone vorantragen und damit deutlich machen, wie sehr die Menschen sich nach einem König sehnten, der ihre Lebensbedürfnisse stillt.

Doch wurde das Anliegen Jesu, nämlich ein »Friedenskönig« und kein »Kampfkönig« zu sein, von allen verstanden?

Lied

Jesus zieht in Jerusalem ein

1.-6. Jesus zieht in Jerusalem ein, Hosianna!

1. Alle Leute fangen auf der Straße an zu schrein:

Hosianna, Hosianna, Hosianna in der Höh',

Hosianna, Hosianna, Hosianna in der Höh'!

2. Jesus zieht …
Seht, er kommt geritten, auf dem Esel sitzt der Herr. Hosianna …
3. Kommt, auf legt ihm Zweige von den Bäumen auf den Weg!
4. Kommt und breitet Kleider auf der Straße vor ihm aus!«
5. Alle Leute rufen laut und loben Gott, den Herrn!
6. Kommt und lasst uns bitten – statt das »Kreuzige« zu schreien:
:Komm, Herr Jesu, komm, Herr Jesu, komm, Herr Jesu, auch zu uns!:

Text und Melodie: Gottfried Neubert, aus : 111 Kinderlieder zur Bibel, hg. von Gerd Watkinson, Verlag Ernst Kaufmann, Lahr/Schwarzwald und Christophorus Verlag, Freiburg/Breisgau.

37

Spiel

Stegreifspiel: Jesus zieht in Jerusalem ein

Die Kinder kennen den Bibeltext nach Markus 11,1-10
Hinführung: Die Geschichte fordert uns geradezu
heraus, sie zu spielen. Sie ist wie eine Einladung zu
einem Sich-gemeinsam-stark-fühlen. In der Gruppe
mitschreien und jubeln macht Spaß. Immer nach dem
gleichen Prinzip fangen wenige an und
andere stimmen ein. Schnell schaukelt sich die
Stimmung in der Begeisterung hoch und reißt alle wie
unter einem Gruppenzwang mit.
Doch die Stimmungen können aus negativen Beweg-
gründen auch umschlagen und beschämende und ver-
nichtende Auswirkungen auslösen. So haben die Leute
Jesus zugejubelt und nicht viel später schrieen viele von
ihnen »Kreuzige ihn!«
Jeder, gleich welchen Alters, hat schon Mitschrei-Erfah-
rungen gemacht.
Von welchen können die Kinder berichten? Wie ist es
ihnen dabei ergangen und wie haben sie sich hinterher
gefühlt.

Material
Bunte Tücher – Decken – Umhänge aus der Verkleidungskiste – Turnstäbe – Palmbuschen – dekorierter Türrahmen (Stadttor) – Orffinstrumente.

Foto: Margarete Mix

Spielanleitung
- Aus Turnstäben und Tüchern wird eine Straße gelegt.
Sie führt auf einen Türrahmen zu, der als Stadttor
z.B. mit Krepppapiergirlanden geschmückt wird.
Während alle das Lied »*Jesus zieht in Jerusalem ein*«
singen (S. 37), spielen einige Kinder **Jesus**, den **Esel**,
die **Jünger**, während andere am Straßenrand mit den
Palmbuschen (S. 36) wedeln und »Hosanna« rufen.
Das »Hosanna« kann auch gruppenweise im Wechsel
gesungen und von einigen Kindern als *Straßenmusikan-
ten* mit einfachen Orffinstrumenten begleitet werden.

Reporterspiel: Was ist hier geschehen?

- Nach der letzten Szene des Stegreifspiels vom Einzug Jesu läuft ein Kind als Reporter verkleidet und
mit einem Mikrofon (Toilettenrolle mit aufgeklebtem
Tischtennisball) in der Hand herbei und versucht, die
umstehenden Leute zu interviewen: »Ich bin von der
Presse, können sie mir sagen, was hier passiert ist?
... Warum sind die Straßen heute so ungewöhnlich
geschmückt? ... Wie finden sie den Mann?«

Noch ein Tipp

Das Reporterspiel sollte nicht angekündigt sein, um
die Kinder zu spontanen Reaktionen zu animieren.
Sucht man vor dem Spiel ein sprachgewandtes
Kind aus, so kann ihm seine Aufgabe erklärt wer-
den und man überlegt mit ihm einige Fragesätze.
Es sollte durch die Fragestellung den Kindern deut-
lich werden, dass nicht alle mit Jesus und seinen
Taten einverstanden waren.

Fantasiespiel: Ich, der Esel (für Ältere)

Durch Imaginieren lassen wir das Bild vom Esel beim
Einzug Jesu nach Jerusalem lebendig werden.
- Beim Nacherzählen der Geschichte schlüpft ein Kind
in die Rolle des Esels und beschreibt sie aus dessen
Perspektive.
Er stellt sich vor, was er zu den Eseln sagt, wenn er in
sein Dorf zurück kommt. Er könnte so erzählen:

Man brachte mich zu einer Gruppe von Männern, die schon auf mich warteten. Einige zogen ihre Mäntel aus und legten sie auf meinen Rücken. Das fühlte sich angenehm weich an. Das sollte wohl eine Unterlage für schwere Lasten sein, die man mir aufpacken wollte. Aber nein! Stattdessen setzte sich ein Mann, der Jesus heißt, auf meinen Rücken. Zum ersten Mal ritt ein Mensch auf mir. Nun bist du wohl erwachsen, dachte ich und fühlte mich sehr wichtig. Aber es kam noch viel besser. Von allen Seiten liefen Leute herbei und standen an der Straße. Sie riefen: Hosanna dem König! Manche legten sogar ihre Kleider auf die Straße. Ich ging ganz vorsichtig darüber. Immer lauter jubelten sie und riefen – Herr – unser König – Hosanna – durcheinander. Bis zum Stadttor von Jerusalem standen die Leute. Ich trug Jesus vorsichtig und stolz wie einen König. So ein Fest wird es wohl nie wieder in meinem Leben geben!

Gründonnerstag

Am Gründonnerstag hielt Jesus mit seinen Freunden das Abschiedsmahl. Es war der Abend vor seinem Tod und er wusste darum. Er wollte ihnen ein Geschenk machen, das sie daran erinnert, dass er immer bei ihnen sein wird, auch wenn er weggehen muss. Da er die Seinen liebte, die in der Welt waren, liebte er sie bis zur Vollendung (Joh 13,1). Zu Beginn des gemeinsamen Essens wusch er ihnen die Füße.

Geschichte – Feier

Das letzte Abendmahl
Die Fußwaschung   Johannes 13,1-15

Jesus tut für seine Jünger das, was sonst die Hausdiener für die Gäste tun – er wäscht ihnen die Füße. Wasser, das lebensnotwendige Element, reinigt vom Staub des Tages und erfrischt.
Mit diesem niedrigen Dienst will Jesus seinen Freunden zeigen, was Liebe im Alltag bedeuten kann: Spüren, was dem anderen gut tut, alles liegen lassen, sich niederbeugen und mit beiden Händen zufassen.
»Ich habe euch ein Beispiel gegeben, damit ihr so handelt, wie ich an euch gehandelt habe.« Die *Bildbetrachtung* hilft, die Aussage Jesu zu vertiefen. Was sagen die Gesten und der Ausdruck der Gesichter über die Empfindungen der Menschen im Bild aus? Wäre ich auch gerne dabei? Was würde ich zu Jesus sagen?

Purpurkodex von Rossano, Syrien 550

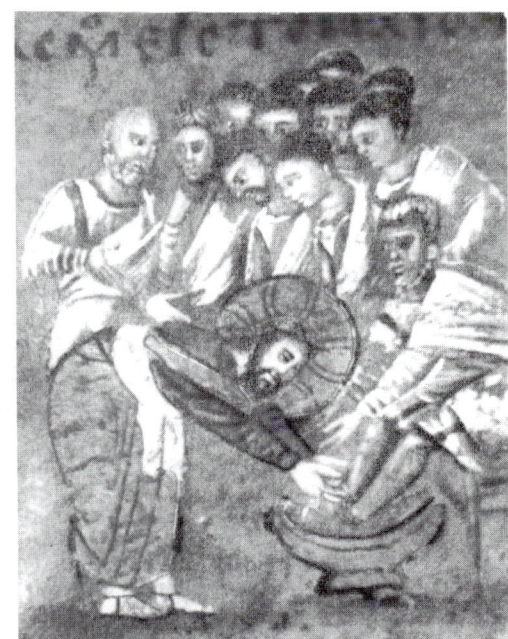

Die Mahlgemeinschaft   Markus 14,22-25

Vorbereitung
Die Kinder decken den Tisch mit Tellern – Trinkbechern – Servietten – Kerzen und Blumen, selbst gebackenem Brot oder Fladenbrot und Traubensaft in Karaffen.

Sich Reinigen
- In Ruhe und im Bewusstsein, sich vor dem Essen zu reinigen, waschen die Kinder ihre Hände.

Foto: Margarete Mix

Vielleicht möchten sie aber auch wie Jesus ein Zeichen setzen. Dann könnte ein Kind behutsam dem anderen die Hände waschen und sie abtrocknen. Dabei werden Fähigkeiten des Herzens angesprochen wie Achtsamkeit, Wertschätzung und Hingabe.
- Wir erzählen die Geschichte vom Abendmahl.
- Bevor wir essen und trinken, sprechen wir ein *Gebet*:

> Jesus, wir versammeln uns um dich;
> du kommst und tust uns Gutes;
> du bist uns nahe und bleibst bei uns;
> wir bitten dich um deinen Segen;
> stärke uns mit deinen Gaben;
> lebe in uns und schenk uns neues Leben.

Nun wird das Brot gebrochen und mit dem Traubensaft an jeden verteilt. Bei ruhiger Musik kann die Mahlgemeinschaft spürbar werden.

Karfreitag

Die Evangelisten erzählen die Leidensgeschichte Jesu von Ostern her. Dabei sind die Jünger und Frauen beteiligt, mal als Betrachter, mal als bewusst Handelnde. Sie sind Menschen wie wir und die Kinder können sich mit ihnen identifizieren. Sie waren schwach und feige und haben Jesus auf seinem Kreuzweg allein gelassen. Petrus hat ihn als Freund verleugnet und Judas ihn sogar verraten. Einen eigenen exemplarischen Weg gehen die Frauen: Sie weichen dem Kreuz nicht aus, sondern halten Stand und begleiten Jesus in seinem Leiden. Sie werden die ersten Zeuginnen am Ostermorgen. An ihrem Beispiel erfahren die Kinder, wie Menschen sich trotz Leid und Trauer auf den Weg machen und dabei Ermutigung erfahren.

Geschichte

aus der Gruppe
Vorausgegangen ist eine Diabetrachtung über den Leidensweg Jesu. Die Kinder sind besonders berührt davon, wie Jesus im Garten Gethsemane, allein gelassen von seinen Freunden, voller Angst auf seinen Tod wartet. Sie sind erstaunt und verunsichert, dass der gleiche Jesus, der Kranke heilte und Trauernden Trost gab, selbst so viel Angst erleben kann. Als sie hören, dass der Vater Jesus im Gebet stärkt, atmen sie erleichtert auf.

Bei der Erzählung vom leeren Grab am Ostermorgen sagt Friederike bestimmt: »Der Vater hat ihn ja stark gemacht. Da konnte er den Stein schon alleine wegrollen.« Für Friederike ist das Gebet die Kraftquelle. Hoffentlich können sich Friederike und andere Kinder, die kräftig dazu nickten, ihren unerschütterlichen Glauben erhalten.

Malen – Basteln – Gestalten

Fensterbild: Die Ostersonne scheint durch das Kreuz hindurch

- Bevor die Kinder von der Leidensgeschichte Jesu hören, wird mit ihnen überlegt, wo und wie Jesus die Menschen froh machte und ihnen Licht war in ihrem Leben. Wir erinnern uns an Szenen der bekannten Jesusgeschichten. Diese hellen glücklichen Erfahrungen drücken wir durch eine Sonne aus Transparentpapier aus.
Nun wird den Kindern die Leidensgeschichte und Kreuzigung erzählt. Danach reißen sie das Kreuz aus und kleben es auf die Sonne. Sie wird zwar durch das Kreuz verdunkelt, doch ihr Licht ist stärker und scheint hindurch.

Material
Architektenpapier oder weißes Transparentpapier – gelbes und schwarzes Transparentpapier – Klebestift

So wird's gemacht

Vorlagen:
Margarete Mix

Als Hintergrund dient das helle quadratische Papier. Aus gelbem Transparentpapier werden ein Kreis und viele spitz zulaufende Streifen ausgerissen und als Sonne in die Papiermitte geklebt. Das schwarze quadratische Papier wird wie auf der Zeichnung gefaltet und entsprechend gerissen. So entstehen Durchbrüche im Kreuz und es wird auf die Sonne geklebt.
Lässt man das Bild rahmenlos und fixiert es mit dem Klebestift am Fenster, so kann die Sonne nach allen Seiten ausstrahlen.

- Danach kann sich die Gruppe vor das Fensterbild setzen und es betrachten. Die Kinder haben im Gespräch die Möglichkeit zu erzählen, wann sie traurig waren und wer sie tröstete, wann sie Angst hatten und wodurch sie diese überwinden konnten.
Mit dem Lied »Du verwandelst meine Trauer« erhält die Freude-Trauer-Erfahrung der Kinder einen runden Abschluss.

Dornenkrone

Aus der bereits gebastelten Königskrone (S. 36/37) gestalten wir eine Dornenkrone.

Material
Schwarzer Fotokarton – Schere – Malpapier – Malstifte – Kleister – Hefter

So wird's gemacht
Wir lösen die Klammern an der gelben Krone und wenden sie. Auf die leere helle Seite wird eine zweite Krone aus schwarzem Fotokarton geklebt. Mit den Kindern beraten wir, welche Szenen der Leidensgeschichte gemalt, ausgeschnitten und auf die dunkle Seite aufgeklebt werden sollen. Es könnten Bilder sein wie: Der Garten Gethsemane, die Gefangennahme, die Verleugnung durch Petrus, das Verhör, die Kreuztragung, Jesus am Kreuz und die geschlossene Grabeshöhle. Dornenranken durchziehen alle Bilder und weisen auf das schwere Leid Jesu hin. Um Jesus mit seinen menschlichen Empfindungen ganz nahe zu sein, werden die Kinder im Gespräch dazu ermutigt, eigene traurige Situationen hinzuzufügen.
Die Kinder nehmen sich Zeit, die Bilder auf der dunklen Seite zu betrachten und sich mit anderen darüber auszutauschen.
Nach dem Zusammenklammern der Krone bekommt sie im Gruppenraum oder Flur einen besonderen Platz.

Foto: Margarete Mix

Bild gestalten zur Diabetrachtung

Scheinbar Totes lebt

Tod und Leben sind nicht voneinander zu trennen und greifen als elementare Erfahrungen in jedes Menschenleben ein. Die enge Verbindung von Jesu Tod und seiner Auferstehung können wir Kindern mit Bildern aus der Natur anschaulich darstellen, da Ostern ja auch dem jahreszeitlichen Zyklus folgt. Die Natur erwacht aus der Winterstarre zu neuem Leben. Die Winterstarre wird mit dem Tod und das Erwachen der Natur mit der Auferstehung gleichgesetzt.

- Die Kinder sitzen im Halbkreis und betrachten Dias von der Leidensgeschichte Jesu bis zur Auferstehung (z.B. die Dias aus: »Was uns die Bibel erzählt« von Kees de Kort).

  Beim Bild von der Kreuzigung unterbrechen wir die Betrachtung und legen ein schwarzes Tuch in die Kreismitte. Die Kinder überlegen, warum die Farbe des Tuches schwarz ist. Weiterhin werden für das scheinbar »Tote« ein kahler Zweig und Weizenkörner auf das Tuch gelegt. Eine Dornenkrone symbolisiert die Verspottung Jesu, ein Band die Fesseln der Gefangennahme und ein Kreuz aus Birkenstöcken seinen Tod.

Nun folgen die weiteren Dias bis zur Auferstehung. Jesus bezwang den Tod und lebt. Das soll deutlich gemacht werden durch einen blühenden Zweig, der

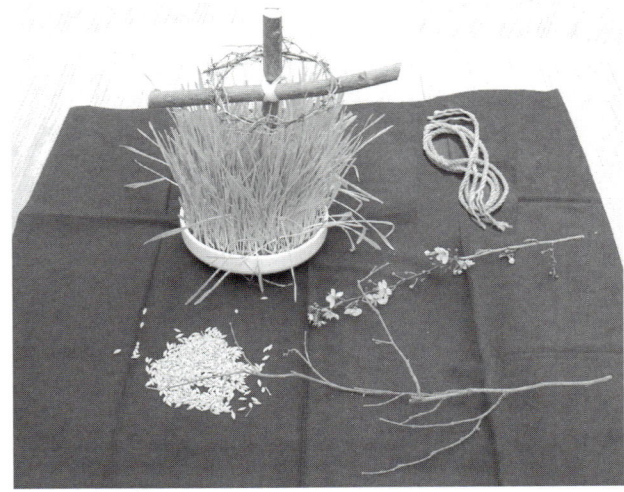

Foto: Margarete Mix

neben den kahlen auf das Tuch gelegt wird. Auch der sprießende Weizen, den die Kinder ca. 2 Wochen zuvor in eine Schale säten, zeugt vom Leben. Wir setzen das Kreuz in die Schale und bemerken, dass der Weizen es schon fast überdeckt.

Mit dem Lied »Halleluja, es ist Ostern« (S. 45) beschließen wir unsere Bildgestaltung und nehmen es als »inneres« Bild mit.

Spiel

Stilleübung

- Die Kinder sitzen im Kreis. In der Mitte liegt ein schwerer runder Stein Ein Kind hebt ihn hoch und reicht ihn an ein anderes Kind weiter.
  Die Erzieherin spricht ruhig dazu:
  »Manchmal ist ein Kummer so groß, dass wir ihn nicht allein tragen können. Wenn ich traurig bin, ist es, als ob ich einen schweren Stein zu tragen hätte. Gut ist es, wenn mir einer beim Tragen hilft.«

Den schweren Stein, den schweren Stein, den trage ich nicht mehr allein.
Es ist so leicht, wenn zwei ihn tragen, ich muss dann nur den anderen fragen.

Von einem Kind zum anderen wird der Stein weitergereicht. Das Kind, das ihn auf seinem Schoß hält, kann von seinen traurigen und von entlastenden Erlebnissen erzählen. Nach einer kurzen Stille gibt es den Stein weiter.

In Abständen wird der gereimte Text »Den schweren Stein ...« wiederholt. Die Erzieherin spricht langsam weiter: *»Am Ostermorgen ist der Stein vor dem Grab Jesu weggerollt, das Grab ist leer. Die Frauen, die Jesus salben wollten, sind geschockt, die Jünger später ebenso. Sie bezweifeln das unfassbare Ereignis. Was* geschehen ist, kann keiner erklären. Als Jesus seinen skeptischen Anhängern in den folgenden Wochen mehrfach erscheint, macht sich Staunen und Jubel breit. Begeistert ruft man sich zu: Der Herr ist auferstanden, er ist wahrhaftig auferstanden! Ihnen ist, wie wir sagen – ein Stein vom Herzen gefallen.«

■ Eine große Kerze wird angezündet und neben den Stein in die Kreismitte gestellt.
Alles Schwere und Belastende aus der Karwoche ist nun vom Osterlicht überstrahlt.

Ostern

Nach 40 Fastentagen hören wir die frohe Botschaft, dass Jesus lebt!
Das Leben hat den Tod besiegt.
Die Osterbotschaft ist für uns wie ein »Energiezentrum«, von dem wir Kraft und Hoffnung für unser Leben tanken

können. Die ersten Zeugen des Auferstandenen wurden überwältigt von dieser Gewissheit und verbreiteten die Nachricht überall. Davon wollen wir uns mit den Kindern anstecken lassen.

Geschichte

Die Auferstehung   **Johannes 20**

Gebet
Herr Jesus Christus,
wie Glocken in Bewegung kommen
und weit ins Land hinein läuten,
so bring auch uns in Bewegung,
lass uns die Osterfreude,

die Nachricht von deiner Auferstehung weitertragen,
lass sie in uns auch nach Ostern
noch lange leise nachklingen. Amen.

Wolfgang Longardt
Aus: Das neue Spielbuch Religion, Patmos Verlag, Düsseldorf.

Malen – Basteln – Gestalten

Christliche Symbole dienen auch als Grundlage für Osterbasteleien, die den Kindern viel Spaß machen und oft von einer Generation zur nächsten weitergegeben werden wie:
■ *Ausgeblasene Eier*, bunt bemalt oder kunstvoll verziert mit bunten Wollfäden oder Borten, gebügelten Strohhalmen oder einfach mit farbigen Wachstropfen, gefärbt oder gebatikt mit Gräsern als Muster. Sie sind *dekorativ* als Osterkette oder Eierkranz mit Holzperlen dazwischen, als Tischschmuck im Strauß von Frühlingsblumen und Buchsbaum, als Behälter zum Säen von Kresse oder im Osterstrauß aus blühenden Zweigen.
Die Kinder erfahren, dass das Ei als Symbol der

Fruchtbarkeit und des Lebens gilt. Schon die Ägypter und Perser kannten bereits 5.000 v.Chr. gefärbte Eier. Für die Christen ist das Ei zum Sinnbild für die Auferstehung Christi geworden.
■ *Die Osterkerze*, die mit passenden Ostermotiven aus farbigen Wachsplatten verziert wird. Dafür eignet sich eine größere weiße Kerze. Mit den Kindern werden Motive überlegt und über ihre Bedeutung gesprochen. Die neue Osterkerze in der Kirche kann auch Vorbild sein zum Nachgestalten.
Die Kinder erfahren, dass die Kerze Licht spendet und sich selbst verzehrt. Sie ist das Sinnbild für Christus, der das Licht der Welt ist (Joh 8,12).

Osterkrone
(vorher Königskrone – Dornenkrone)

So wird's gemacht
Nachdem die Kinder von der frohen Osternachricht hörten, wenden sie die Dornenkrone (S. 41) und drehen die gelbe verzierte Seite wieder nach außen. Eine Hälfte ist ja bereits mit frohen, bunten Bildern von eigenen Erlebnissen (S. 37) beklebt. Jetzt wird beraten, welche Szenen der Osterbotschaft gemalt, ausgeschnitten und aufgeklebt werden sollen. Alle Vorschläge – wie die erschrockenen Frauen vor dem leeren Grab – der Engel vor dem offenen Grab – die Emmaus-Jünger – können umgesetzt werden.
Dafür steht noch die zweite Hälfte der hellen Kronenseite zur Verfügung.

- Wenn die Malarbeit beendet und die Krone zusammengeklammert ist, haben wir ein rundes, geschlossenes Werk vor uns. Wir fühlen uns mit Jesus verbunden, ihm ganz nah. Wir haben die frohen hellen Seiten mit ihm geteilt und wir haben die traurigen dunklen Seiten mit ihm geteilt. Bei vielen Festen und Anlässen kann die Krone als Mittelpunkt ihren Platz einnehmen.

Der Ostergarten oder die Osterkrippe

Seit vielen Jahren gibt es den Brauch, während der Passions- und Osterzeit einen Ostergarten im Kindergarten oder in der Kirche aufzubauen und zu gestalten. Ähnlich einer Weihnachtskrippe ist auch der Name »Osterkrippe« geschaffen worden. Sinn und Bedeutung von Passion und Ostern können so veranschaulicht werden.

- Der Ostergarten als kleiner Landschaftsausschnitt ist auf der Rückseite von der Stadtmauer und dem großen Stadttor Jerusalems begrenzt. Die Mitte bildet ein Weg, auf dem Jesus auf einem Esel reitend einzieht. Am Wegrand stehen Soldaten und Frauen. Die Anhöhe von Golgatha mit den drei Kreuzen und

auch die Grabeshöhle liegen am Weg. Die Kinder können mit kleinen Steinen, Buchsbaumzweigen, Moos und anderem Grün den Ostergarten gestalten. In der Vorderansicht ist er für den Betrachter offen. Alle Geschichten von Palmsonntag bis Ostern können auf diese Weise erzählt und nachgespielt werden und verändern nach jeder Geschichte das Aussehen des Ostergartens. Besonders eindrucksvoll lässt sich die Geschichte vom Garten Gethsemane nachstellen, wo Jesus voller Angst und allein gelassen zu seinem Vater betet. Die Kinder haben niemals den Wunsch geäußert, die eigentliche Kreuzigung nachzuspielen. Nach der Kreuzigungsgeschichte legen wir die Soldaten und Frauen auf den Boden, denn sie schlafen bis zum Ostermorgen. Dann machen sich die Frauen auf den Weg zum Grab, sehen den weggerollten Stein und finden ein leeres Grab vor.

Der Ostergarten oder die Osterkrippe ist für Kinder eine eindrucksvolle Möglichkeit, die Ereignisse spielerisch und »handfest« nachzustellen. Mit Liedern wie »Jesus zieht in Jerusalem ein« und »Halte zu mir, guter Gott« schaffen wir kleine besinnliche Augenblicke.

Foto: Burkhard Straeck

Backen

einer Ostersonne

gehört zu den ältesten Bräuchen, die wir kennen. Sie ist ein Sinnbild für Jesus als aufgehende Sonne am Ostermorgen.

So wird's gemacht

Dafür bereiten wir einen Hefeteig zu und rollen ihn zu einem flachen runden Fladen aus. Mit einem Messer ritzen wir von der Mitte ausgehend die »Sonnenstrahlen« ein. Ein Eigelb verquirlen wir mit Milch, bestreichen damit die Ostersonne und backen sie im vorgeheizten Backofen bei 200° C etwa 25 Min.
Im Sinne der Gemeinschaft mit Jesus kann sich beim Osterfrühstück jeder etwas abbrechen.

Osternester

aus Hefeteig sind nicht nur beliebt zum Osterfrühstück, sondern auch als Geschenk für Freunde und Nachbarn.

So wird's gemacht

Wir bereiten einen Hefeteig zu und teilen ihn in 6 gleich große Stücke. Jedes dieser Teilstücke wird wiederum in 6 Teile geschnitten und zu ca. 18 cm langen Rollen geformt.
Aus je 3 Rollen wird ein Zopf geflochten, die Enden zu einem Nest verbunden, so dass in der Mitte Platz für ein rohes Ei ist, das mitgebacken wird. Der Teig wird mit Eigelb bestrichen und bei 200° C ca. 20 Min. gebacken. Das Ei kann nachträglich verziert oder gegen ein buntes ausgetauscht werden.

Lieder

Halleluja, es ist Ostern

1. Hal - le - lu - ja, es ist Os - tern,
hal - le - lu - ja, Je - sus lebt. Hal - le - lu - ja,
hal - le - lu - ja, hal - le - lu - ja, Je - sus lebt.

2. Freut euch alle, es ist Ostern.
Freut euch alle, Jesus lebt.
Halleluja, Halleluja, Halleluja,
Jesus lebt.

3. Singet alle, es ist Ostern.
Singet alle, Jesus lebt.
Halleluja, Halleluja, Halleluja,
Jesus lebt.

4. Klatschet alle, es ist Ostern.
Klatschet alle, Jesus lebt.
Halleluja, Halleluja, Halleluja,
Jesus lebt.

Text und Melodie: Gertrud Lorenz
Alle Rechte bei der Autorin

Zeichnung: Hannah Altepost

Spiel

wie Glocken schwingen

Frohe Nachrichten können eine Eigendynamik entwickeln und sich in Windeseile ausbreiten. So geschah es auch mit dem Weitertragen der frohen Osternachricht, die überall ihr Echo fand. Dabei kann den Kindern das Bild der Glocke hilfreich sein – denn wie bei ihr, so muss auch beim Menschen von außen der Anstoß kommen, erst dann kann der ganze Körper schwingen. Von selbst tönt die Glocke nicht.
Schwingt sie erst einmal im Rhythmus, so klingt es wie ständiges Wiederholen, wie ein Echo.
Zum Ausschwingen braucht sie Zeit, doch noch lange danach ist ihre Resonanz spürbar, bis sie ganz verstummt.
Wie Glocken wollen wir ein Echo auf Ostern sein und die frohe Nachricht weit über's Land verkünden!

Möglicher Ablauf

Wir sammeln unterschiedliche Glocken – mit geschlossenen Augen hören wir auf ihren Klang – wir ordnen sie nach bestimmten Merkmalen wie z.B. Größe, Klangfarbe – jedes Kind versucht, pantomimisch wie eine Glocke zu schwingen – zwei Kinder tun sich als Glocke zusammen – alle Kinder schwingen als eine Glocke. Dazu stehen sie im Kreis Schulter an Schulter eng zusammen und fassen das linke und rechte Kind um die Hüfte. Ohne Worte versuchen die Kinder, vom Anstoß bis zum Ausklingen den Rhythmus der Glocke abzustimmen.
■ Mit dem Glockengebet (S. 43) beschließen wir unsere Glockenerfahrungen.

3. Projektbeispiel

Auf dem Weg nach Emmaus

Anhand der Geschichte zweier Jünger, die nach den Ereignissen von Karfreitag Jerusalem verlassen und in das kleine Dorf Emmaus wandern, wird mit den Kindern die Thematik »Von der Trauer zur Freude« erfahren (Lk 24,13-35). In zwei Schritten erschließen wir die Geschichte.

Schritt 1: Rhythmik
Wie können Kinder Trauer und Freude *spürbar* erleben?

Material
Jeweils 10 dunkle und helle Chiffontücher – Blockflöte – Kassettenrecorder – Kassette mit klassischer Musik (fünf Stücke kurz angespielt, jeweils im Wechsel traurig/fröhlich).

Folge der einzelnen Elemente
■ Der Raum ist leicht abgedunkelt. Auf dem Boden liegen verteilt helle und dunkle Tücher.
Höchstens 10 Kinder gehen langsam um die Tücher herum, während Musik eingespielt wird; auf ein vereinbartes Zeichen setzen sie sich auf ein Tuch und beschreiben die Farbe des Tuches, z.B. »Mein Tuch ist schwarz *wie* die Nacht, weiß *wie* der Schnee« usw.
Anschließend gehen die Kinder wieder langsam durch den verdunkelten Raum.
Dann spielt die Erzieherin auf der Flöte tiefe lange Töne für traurige Momente und hohe kurze für freudige. Je nach Tonart drücken die Kinder ihre Stimmung durch eine entsprechende Körperhaltung, Mimik und Gestik aus und setzen sich auf die passende Farbe.

46

Mit Hilfe des Kassettenrecorders wird wieder klassische Musik eingespielt und je nach Stimmung suchen die Kinder das passende Tuch.

Nach der traurigen Musik von Aases Tod erzählt die Erzieherin: »*Als Jesus gestorben ist, waren viele Menschen traurig. Sie nahmen ihn vom Kreuz ab und legten ihn in ein Grab.*« Die Kinder stehen wieder auf, nehmen ihre Tücher und setzen sich damit in die Mitte. Die Erzieherin erzählt weiter: »*Die Geschichte endet aber nicht traurig. Jesus ist nicht mehr im Grab zu finden gewesen, er ist auferstanden, viele Menschen haben ihn gesehen und seine Nähe gespürt. Sie wurden wieder fröhlich.*«

Nun wird das fröhliche Stück »Eine kleine Nachtmusik« gespielt. Die Kinder stehen auf, gehen zu den hellen Tüchern und überdecken damit die dunklen Tücher in der Mitte des Raumes.

Vorlage: Margarete Mix

Auf unserer Kassette sind folgende Musikstücke:
1. Eine kleine Nachtmusik,
   W.A. Mozart   fröhlich
2. Violinkonzert Nr. 1 g-moll,
   Max Bruch   traurig
3. Der Herbst (»Die vier Jahreszeiten«),
   Antonio Vivaldi   fröhlich
4. Aases Tod (»Peer Gynt«),
   Evard Grieg   traurig
5. Eine kleine Nachtmusik,
   W.A. Mozart;   als fröhlicher Abschluss
(Kassette ist selbst zusammengestellt)

Schritt 2: Erzählpantomime

- Die Kinder sitzen in einem Halbkreis, an dessen geöffneter Seite ein langes Tuch auf dem Boden liegt. Es symbolisiert den Weg der Jünger von Jerusalem nach Emmaus.

Nun wird die biblische Geschichte der Emmaus-Jünger (Lk 24,13-35) langsam erzählt: Dazu machen sich zwei Kinder (Jünger) auf den Weg. Sie sind voll Trauer über den Verlust eines geliebten Menschen und enttäuscht, dass Jesus ihnen das antun konnte. Sie hatten auf ihn all ihre Hoffnung gerichtet und es schmerzt, dass er wie ein Verbrecher hingerichtet worden war. Schon bald gesellt sich ein weiteres Kind (Jesus) hinzu und sie unterhalten sich über die Ereignisse in Jerusalem. Der Fremde hört sich ihre Herzensnöte einfühlsam an und erinnert sie an Gott, der niemanden allein lässt.

In Emmaus angekommen, bitten sie den Fremden (Jesus) in ihr Haus und setzen sich an einen Tisch. Sie essen gemeinsam. Durch die Art, wie der Fremde das Brot bricht, erkennen sie Jesus in ihm. Bevor sie ihn darauf ansprechen können, ist er »verschwunden«. Als Symbol für die Nähe Jesu zu seinen Jüngern wird auf dem Tisch eine Osterkerze angezündet.

Ihre Traurigkeit hat sich gewendet und voll Freude brechen sie sofort auf und kehren nach Jerusalem zurück. Dort erzählen sie den anderen Jüngern von ihren Erlebnissen mit Jesus.

Wir beten: Wir danken dir, Jesus, dass du die Jünger nicht verlassen hast. Wir sind froh, dass du lebst und bei den Menschen bist. Auch wenn wir dich nicht sehen und anfassen können, spüren wir deine Nähe, wenn wir an dich denken. Amen.

Abschließend bitten wir um den Segen Gottes und singen das Lied »Halleluja, es ist Ostern« (Str. S. 45).

4. Theologisches Schlaglicht

Karwoche

Die Karwoche ist die Woche unmittelbar vor Ostern. Sie ist die Kernzeit der österlichen Passionszeit und für die Christen die wichtigste Woche des Kirchenjahres. Das Wort »Kar« kommt vom althochdeutschen »Kara« und bedeutet »Klage / Sorge / Kummer / Trauer«. Am Beginn – dem Palmsonntag – steht die helle Begeisterung für Jesus. Die Bibel erzählt: Jesus zog in Jerusalem ein und die Menschen jubelten ihm zu. Sie schwangen Palmzweige und feierten ihn, wie einen König. Der Gründonnerstag erinnert an das Abendmahl, das Jesus mit seinen Jüngern feierte. Danach wurde Jesus gefangen genommen und es begann sein Leidensweg. Die Bezeichnung Gründonnerstag könnte sich vom Wort »Greinen« (weinen) herleiten, oder vom ehemaligen Brauch in der alten Kirche, an diesem Tag die ausgeschlossenen Büßer wieder in die Abendmahlsgemeinschaft aufzunehmen. Sie wurden sozusagen wieder grüne Zweige am Baum der Kirche. Der Karfreitag ist der Gedächtnistag an Jesu Leiden und Sterben. In den Kirchen werden Gottesdienste gefeiert, die das Leiden und Sterben Jesu beinhalten. Wegen der leidvollen Erinnerung erklingen häufig am Karfreitag weder Orgelmusik noch Glocken. Der Karsamstag ist der Tag der Grabesruhe. Nachdem Jesus am Kreuz starb, wurde sein Leichnam in ein Felsengrab gelegt. Diese Zeit des Verweilens im Grab hat der Karsamstag zum Thema. In manchen Gemeinden wird ein Heiliges Grab in der Kirche aufgebaut. Das Grab Jesu wird mit einer Überfülle von Blumen geschmückt. Dadurch wird bei den Christen eine Vorahnung der Auferstehung geweckt. In der Nacht des Karsamstags beginnt Ostern. Es werden entweder bei Einbruch der Dunkelheit oder am frühen Morgen die Gottesdienste der Osternacht gefeiert.

Michael Schnabel

Ostern

Ostern ist das Hauptfest der Christen: Es ist der krönende Abschluss der Karwoche. Mehr noch: Ostern ist ein Neuanfang der Erlösung. Mit Ostern beginnt das weltumspannende Wirken Jesu durch die Kirche. Das Osterfest ist von allen christlichen Festen das erste und ursprünglichste. Denn schon in den ersten Jahrzehnten nach Jesu Tod bekennt die christliche Gemeinde: »Christus starb für unsere Sünden. Er wurde begraben und auferweckt am dritten Tage. Er erschien dem Petrus und danach den zwölf Aposteln« (1 Kor 15,3-5). Bereits auf dem Konzil von Nizäa (325 n.Chr.) wurde der Termin des Osterfestes auf den Sonntag nach dem ersten Frühlingsvollmond festgelegt. Die theologischen Wurzeln des Osterfestes gehen zurück auf das jüdische Passafest. Die Israeliten feiern die Befreiung aus der Knechtschaft der Ägypter. Ostern ist das Fest der Befreiung aller Menschen von den Fesseln des Todes. Auch im Kirchenjahr steht das Osterfest so sehr im Zentrum, dass sich um dieses Fest alle anderen Feste gruppieren. Demnach ist Weihnachten eine österliche Vorfeier und Pfingsten eine österliche Nachfeier. Das Wort Ostern zeigt weitere Aspekte dieses Festes auf: Die beiden Worte »Ostern« und »Osten« unterscheiden sich nur durch einen Buchstaben: Oste(r)n. Daher die Annahme, »Ostern« könnte ein vorchristliches Fest bezeichnen, das das zunehmende Licht von Osten verehrte. Angeblich sollten sich die Blicke der Frauen, die am leeren Grab Jesu standen, nach Osten gerichtet haben. Denn nach alten Überlieferungen sollte Jesus von dort her auf die Erde zurückkommen. Eine weitere Erklärung: Das germanische Wort »Austro« leitet sich aus dem altindischen Wort »Usra« ab. Es bezeichnet die Morgenröte. Darauf stützt sich die Annahme von einer germanischen Frühlingsgöttin, die entweder Austro oder Ostara bezeichnet wurde. Ostaras Fest könnte der vorchristliche Ursprung des Osterfestes sein. Aufgehende Sonne und Morgenröte sind Bilder für den auferstandenen Christus, der in der Bibel als »Licht der Welt« bezeichnet wird.

Michael Schnabel

Sommer

Foto: Ruth Eisele

Einführung: Sommer

Viele Menschen empfinden den Sommer als den Höhepunkt des Jahres. Die Tage sind länger und man kann sich noch spät am Abend mit leichter Kleidung im Freien aufhalten. Sommerzeit ist Reisezeit. Die meisten Menschen fahren in den Sommerferien in den Urlaub. In der Wärme der Sommersonne fühlen sie sich wohl. Wenn man schon in der frühen Morgenstunde das Fenster öffnen und die Sonne ins Haus kommen lassen kann, verschwindet alle schlechte Laune, und man kann seinen Tag fröhlich und beschwingt beginnen.

Allerdings gibt es im nördlichen Europa nur wenige solcher Sonnentage. Gerade im Sommer regnet es oft, und viele Menschen sehen voller Neid auf die Wetterkarte, die dem Süden Europas den schönsten Sonnenschein verheißt. Im Wetterbericht heißt es dann, dass bei uns das Wetter »schlecht« sei, und viele Menschen sehen das auch so und reden vom schlechten Wetter. Dabei ist im Sommer nichts so notwendig wie Regen. Wer einmal in Afrika gewesen ist oder gar in der Wüste, der weiß, welch ein Segen kräftiger Regen zur Sommerzeit ist. Wie traurig ist es doch, wenn in der sengenden Sonne Blätter und Gräser verdorren und das Vieh zu verdursten droht! In manchen Jahren kann man auch bei uns beobachten, wie die Blumen in der Hitze ihre Köpfe hängen lassen. Wasser bedeutet Leben, Dürre heißt Tod.

In vielen Gegenden wird der Beginn des Sommers am 21. Juni, dem Mittsommertag mit der kürzesten Nacht des Jahres, festlich begangen. In dieser Nacht oder auch in der Nacht des Johannestages am 24. Juni werden auf den Bergen oder auf den Feldern Freudenfeuer angezündet. Dieser Brauch stammt noch aus vorchristlicher Zeit, wurde aber in der christlichen Verkündigung mit neuem Inhalt gefüllt. Das sich selbst verzehrende Feuer deutet auf die Boten Jesu hin, deren Erster Johannes der Täufer war, der von Jesus sagt: »Er muss wachsen, ich aber muss abnehmen.« So werden im Sommer auch die Tage wieder kürzer und das Licht nimmt langsam ab.

Sieben Wochen nach dem jeweiligen Ostertermin feiern wir das Pfingstfest, das astronomisch gesehen noch in das Frühjahr fällt. In der Pfingstgeschichte, wie sie uns in der Bibel überliefert ist (Apostelgeschichte 2), spielt das Feuer eine große Rolle, denn der heilige Geist erschien den versammelten Jüngern Jesu plötzlich und unerwartet in Gestalt von Feuerzungen, sodass sie anfingen, in Sprachen zu predigen, die ihnen sonst fremd waren. Jeder konnte sie fortan verstehen, wenn sie von der Auferstehung Jesu sprachen.

Seitdem reden wir vom »Feuer des Geistes«. Gemeint ist Gottes Geist, der wie ein Feuer alles durchdringt, Gottes allgegenwärtiges Wirken in Welt und Geschichte. Besonders im Sommer erfahren wir das auch in der Natur, wenn pulsierendes Leben überall zu finden ist. Und so sagen viele, dass Gott am Werke ist.

Vor allem aber überwindet der Geist Gottes die Schranken, die die Menschen zwischen sich und anderen immer wieder aufrichten, die Schranken der Sprache und der Kultur, der Rasse und der Herkunft. Das Sprachenwunder in der Pfingstgeschichte weist uns darauf hin, dass der christliche Glaube universal ist und allen Menschen gilt. Verschiedene Kulturen und Bräuche zeigen uns zwar die bunte Vielfalt menschlichen Lebens, aber niemals dürfen sie Grenzen sein, die die Menschen feindselig trennen. Auch die christliche Kirche kennt solche Grenzen nicht; sie ist universal und deshalb Kirche des Heiligen Geistes. So ist das Pfingstfest gerade heute von besonderer Aktualität.

Gerhard Rödding

4. Kapitel: Himmelfahrt – Pfingsten – Reisesegen

1. Einstieg Himmelfahrt

Vierzig Tage lang ist der auferstandene Jesus unter den Jüngern gewesen. Dann kam die Zeit, wo er aus unserer sichtbaren Welt in die unsichtbare göttliche Welt ging, die in der Bibel als »Himmel« bezeichnet wird und in die Jesus »aufgefahren« ist (»und eine Wolke entzog ihn ihren Blicken«). Unser Sprachgebrauch umfasst mit »Himmel« sowohl den sichtbaren Himmel mit Wolken als auch den geheimnisvollen Zustand »ich fühle mich wie im Himmel«. Ahnen wir da einen Funken Göttliches? Die Himmelfahrt Jesu umfasst in ihrer Bedeutung Vergangenheit, Gegenwart und Zukunft.

Vergangenheit
Jesus, der ewige Gottessohn, war vor aller Zeit und vor der Welt schon da. Er wird Mensch, wirkt in der Welt, leidet und stirbt für uns und geht wieder zurück zu seinem Vater.

Gegenwart
Jesus ist Herrscher in dieser und auch in der zukünftigen Welt. Er hat allen, die an ihn glauben, seinen Schutz und seine besondere Nähe versprochen. »Und siehe, ich bin bei euch alle Tage bis ans Ende der Welt« (Mt 28,20).

Foto: Dorothea Meyer

Zukunft

Die klare Botschaft ist: »Er wird so wieder kommen, wie ihr ihn habt zum Himmel auffahren sehen.«
Gottes Welt ist für uns weit und unfassbar, doch zugleich auch ganz nah, weil sie uns umhüllt und im Atem durchdringt.
Wenn Kinder fragen »Wo ist Gott?« so kann die Aussage der Himmelfahrtsgeschichte zur Antwort verhelfen.

2. Ideen für die Kinderwerkstatt

Geschichte

Die Himmelfahrt
Apostelgeschichte 1,6-11

Beim Gespräch mit den Kindern nach dem Vorlesen der Geschichte wird deutlich, was auch *bildhaft* dargestellt ist: Die Freunde Jesu starren in den Himmel. Sie können Jesus nicht mehr sehen, was ihren Glauben an ihn von nun an immer wieder herausfordern wird.
Was bedeutet die Trennung für sie? – Fühlen sie sich überfordert? – Macht die Trennung sie ängstlich und mutlos?

Auch Kinder kennen Trennungsangst und – schmerz. Wer möchte, kann davon erzählen und alle hören ruhig zu. Vielleicht erfahren die Kinder voneinander, wie ihre Situation sich löste.
Hier können sich die Kinder in ihren eigenen Erfahrungen verstanden fühlen und auch die Reaktion der Jünger verstehen.

- Was würden die Kinder den Jüngern raten?
- Schaffen es die Jünger alleine, Jesu Auftrag zu erfüllen: »Ihr werdet meine Zeugen sein«?

Malen – Basteln – Gestalten

Bevor wir mit den Kindern die Geschichte bildnerisch gestalten, hören wir aus der Bibel, was die Jünger unternahmen:

Die Gruppe der Apostel
Apostelgeschichte 1,12-14

Da kehrten sie nach Jerusalem zurück von dem Berge, der Ölberg heißt und nahe bei Jerusalem liegt, einen Sabbatweg entfernt. Und als sie hinkamen, stiegen sie in das Obergemach hinauf, wo sie sich ständig aufhielten: Petrus und Johannes, Jakobus und Andreas, Philippus und Thomas, Bartholomäus und Matthäus, Jakobus, der (Sohn) des Alphäus, Simon der Eiferer und Judas, der (Sohn) des Jakobus. Diese alle verharrten einmütig im Gebet mit den Frauen und Maria, der Mutter Jesu und mit seinen Brüdern.

Das Haus der Jünger

Wir gestalten das Haus, in dem sich Jesu Freunde bis Pfingsten aufhielten und um die Sendung des Heiligen Geistes beteten.

So wird's gemacht
Aus farbigem Tonpapier schneiden die Kinder ein großes Haus. Wir achten darauf, dass die Eingangstür und Fenster im Obergeschoss groß genug und zum Aufklappen sind.
(An Pfingsten sollen die Jünger herausschauen können.)
Das Haus kleben wir auf ein viel größeres Kartonpapier, sodass wir das Bild an Pfingsten weiter gestalten können. Tür und Fenster sind geschlossen, es sieht wie verlassen aus.

- Wie geht es wohl den Jüngern?

Lied – Tanz

Ich bin bei euch (Kanon für 3 Stimmen)

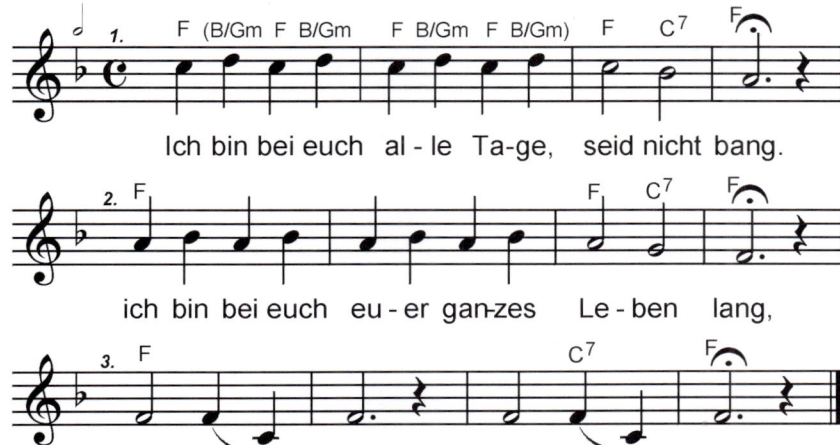

1. F (B/Gm F B/Gm F B/Gm F B/Gm) F C⁷ F

Ich bin bei euch al - le Ta-ge, seid nicht bang.

2. F F C⁷ F

ich bin bei euch eu - er gan-zes Le - ben lang,

3. F C⁷ F

spricht der __ Herr, spricht der __ Herr!

Text und Melodie: Wolfgang Longardt
Aus: W. Longardt, Du bist unter uns,
Gütersloher Verlagshaus, Gütersloh 1976.

Kreistanz

Als Kanon bis zu drei Stimmen möglich: Es wird in konzentrischen Kreisen gesungen und getanzt. Der innere Kreis fängt an.

Anzahl beliebig, Kanon ab 12 Tanzende:
vier innen, acht außen

Ausgangsposition: Kreis angefasst, Front nach rechts in Tanzrichtung

1. Ich bin bei euch alle Tage seid nicht bang	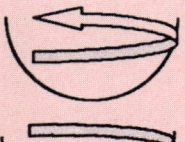	8 Gehschritte nach rechts auf der Kreislinie: I: re – li I. Hände zeigen nach unten
2. ich bin bei euch euer ganzes Leben lang,	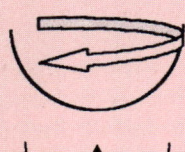	8 Gehschritte nach links auf der Kreislinie: I: re – li I. Hände zeigen nach unten.
3. spricht der Herr, spricht der Herr	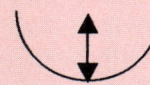	2 Wiegeschritte: re vor – li. Die Arme schwingen nach vorn mit.

Zeichnung: Margarete Mix

3. Einstieg Pfingsten

50 Tage nach Ostern erfüllt sich das Versprechen Jesu. …
Aus den ängstlichen Frauen und Männern, die neun Tage um Orientierung und Stärkung gebeten haben, werden entschlossene, glaubwürdige Verkünder der Botschaft Jesu.
Der Apostel Lukas gebraucht in der Geschichte Bilder, um deutlich zu machen, dass die Verwandlung nicht aus eigenem Entschluss, sondern »von oben«, von Gott her kommt. Wind und Feuer, Zeichen für die Gegenwart Gottes, führen zur »BeGEISTerung« und feurigen Reden, die alle verstehen können.

Auch Kinder können begeistert sein und haben erfahren, dass ein Anstoß von außen dazu nötig ist. So können sie sich für ein spannendes Spiel begeistern oder für einen Freund Feuer und Flamme sein.
Die Pfingstgeschichte will helfen, die bedrohenden Gefühle von Angst und Kummer zu überwinden. Das Versprechen Jesu »der gute Geist soll zu euch kommen« will aus dem Ohnmachtgefühl heraushelfen. Es will das Vertrauen und die Hoffnung stärken und wieder Mut machen. Dieses Ereignis ist Grund dafür, den Geburtstag der jungen Kirche zu feiern …

Bilder betrachten

Peru: Fresken für die Kirche Chongos Alto,
Josue Sànchez Cerròn, 1982 Foto: Missio-Kalender

So wie sich die Pfingstgeschichte von Lukas der Bildersprache bedient, so wird auf Bildern die Bedeutung des Pfingstgeschehens durch *Symbole* ausgedrückt.
Wir versuchen, bei der Bilderbetrachtung mehrere Pfingstbilder miteinander zu vergleichen und stellen überall die gleiche Symboldeutung fest:

Die Feuerzungen

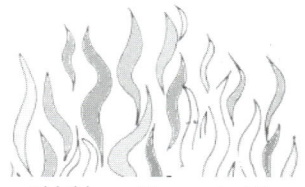

über den Köpfen der Jünger stellen die Erleuchtung und ihren glühenden Eifer dar. Der Geist machte sie fähig, in allen Sprachen

Abbildung: Margarete Mix

zu sprechen und doch von jedem verstanden zu werden.

Die Taube

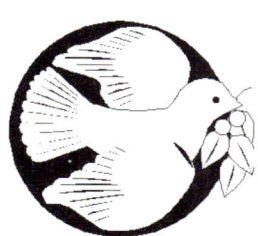

steht für das Symbol des Heiligen Geistes, dem Geist der Liebe, der Versöhnung und des Friedens. Im Alten Testament wird von Noah berichtet, dass er nach der Sintflut eine Taube aussendet und sie mit einem

Abbildung: Margarete Mix

Palmzweig im Schnabel zurück kommt. Das bedeutet Hoffnung auf trockenes Land, Versöhnung mit Gott und auf ein friedliches Zusammenleben von Mensch und Natur. Lukas (3,22) erzählt, dass bei der Taufe Jesu der Heilige Geist »sichtbar auf ihn herab« kam »wie eine Taube«.

Gespräche – Bräuche

Sicher werden die Gespräche mit den Kindern davon geprägt sein, welche Erfahrungen der Erwachsene selbst mit Himmelfahrt und Pfingsten hat. »Ich mach an diesen Feiertagen Ausflüge« sagen die einen oder »mit Himmelfahrt und Pfingsten kann ich nichts anfangen« sagen andere. Wenn man den Inhalt der Feste des Osterkreises kennt, so kann man den Satz umkehren und fragen: »Was fängt Himmelfahrt und Pfingsten mit mir an?« Was ist dabei für mich selbst, was für die Kinder wichtig?

Die Bräuche, die sich auf Pfingsten beziehen, sind eng mit der Natur verbunden: Die Türen der Häuser und Kirchen werden häufig mit jungem Birkengrün geschmückt.
Schon in den Zeiten der Römer wurde der Weißdornstrauch wegen seiner Heilkraft für Kranke als Pfingststrauch verehrt. Seine reinen weißen Blüten, ein Zeichen der Liebe, band man in die Girlanden des Hochzeitshauses. Noch heute wird in den Alpenländern das Vieh, vom prächtig herausgeputzten Pfingstochsen angeführt, für die nächsten Monate auf die frischen Weiden getrieben. Ähnlich der Osterfeuer werden auch noch häufig Pfingstfeuer angezündet. Ausritte in die Natur und Pfingstausflüge mit Spielen für die Kinder erfreuen sich großer Beliebtheit.

Vorlage: Margarete Mix

Ideenbörse zu Pfingsten, dem »Geburtstag der Kirche«

Luft – Wind

Kinder sind einfallsreich, wenn es darum geht, *Wortzusammensetzungen* zu finden, und es macht Spaß, damit zu spielen.

So wird's gemacht

Auf eine mindestens 60cm Ø große Scheibe aus farbigem Kartonpapier schreiben wir die Einfälle der Kinder auf und befestigen sie im Mittelpunkt mit einem Nagel auf einer Pinnwand, sodass die Scheibe drehbar ist. So weit die Kinder schon *Redewendungen* kennen, werden diese auch aufgeschrieben. Sie sind Kindern noch nicht so geläufig wie den Erwachsenen. Doch mit der Häufigkeit der Winderfahrungen erkennen sie wie in einem Spiegel ihre Gemütsverfassung wieder, wenn sie z.B. *aufbrausend* reagieren oder auch *außer Atem* sind.
- Die Scheibe mit den Wörtern und Redewendungen gerät in Bewegung, je nachdem wie stark wir sie anstoßen.

Für das Spiel entwickeln die Kinder selbst Spielregeln: So könnte z.B. ein Kind die Scheibe anstoßen, bis 3 zählen und sie dann stoppen. Das Wort, das zur Markierung auf der Pinnwand zeigt, wird vom Kind mit einigen Sätzen erklärt. Und weiter geht's.
Wer findet noch andere Spielregeln?

Vorlage: Margarete Mix

55

Weitere Ideen

zu Luft – Wind

- wir machen Winderfahrungen im Freien
- wir hören Wind und Sturmgeräusche vom Kassettenrecorder
- wir suchen Spiele aus, die mit Luft und Atem zu tun haben
- wir kleben eine Collage, was der Wind alles kann
- wir basteln »Blasinstrumente«
- wir malen nach Windmusik
- wir basteln Windrädchen, Windspiele, Windfahnen

zu Feuer

- wir beobachten Feuer, wie es sich ausbreitet
- wir machen Feuererfahrungen im Freien
- wir erzählen von Feuererfahrungen
- wir bewundern die Kraft des Feuers (Collage)
- wir fürchten die Macht des Feuers (Collage)
- wir malen mit Tusche ein farbenprächtiges Feuer

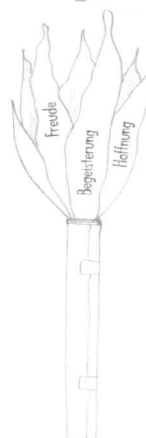

Zeichnungen:
Margarete Mix

- wir vergleichen unterschiedliche Feuerabbildungen
- wir basteln Pfingstfackeln aus Tonpapier und schreiben Wünsche für die junge Kirche darauf
- wir malen Rußbilder mit Wattestäbchen

zu Kirche, »ein Haus aus Menschen«

- wir lernen den Kirchenraum kennen
- wir malen Gesichter auf Kartons und bauen daraus eine Kirche

Zeichnung:
Ursula Stein-Wöbke

- wir bauen aus Kartons eine Brücke, die Menschen verbindet
- wir feiern mit der Kirchengemeinde
- wir bauen den Turm zu Babel aus Kartons und lassen ihn einstürzen

Pantomime: begeistert sein

Zeichnung: Ursula Stein-Wöbke

- Die Kinder erzählen Beispiele, wann sie begeistert waren und wie sie sich dabei verhielten (jubeln, lachen, hüpfen, tanzen ...).
- Ältere können ihre Geschichte auch pantomimisch darstellen, während die anderen raten, worum es geht: Philipp z.B. darf zum ersten Mal mit seinem neuen Fahrrad fahren – Julia darf mit Papa das neugeborene Baby und Mama aus dem Krankenhaus abholen – Thomas erlebt mit, wie die Mannschaft seines Freundes gewinnt.

4. Ideen für die Kinderwerkstatt

Die Wirkung des Heiligen Geistes soll den Kindern auf vielfältige Weise sichtbar und spürbar verständlich gemacht werden.

Geschichte

Pfingsten Apostelgeschichte 2,1-17

Geschichte aus der Gruppe

Beim Erste-Hilfe-Kurs der Fünf- bis Sechsjährigen führte der Kursleiter an einer Puppe die Mund-zu-Mund-Beatmung durch. Er suchte mit den Kindern Beispiele, wann sie angewandt wird. Einige Tage später kniete die

sechsjährige Julia im Gras und starrte auf einen Marienkäfer auf ihrem Finger. Ihre Freundin drängelte: *»Warum kommst du nicht auf die Rutsche?«* Julia sagte leise: *»Guck doch mal, ich habe den Käfer gefunden und er hat sich nicht bewegt. Immer, wenn ich ihn anhauche, krabbelt er ein Stückchen.«*
Ist Julia dem Sinn des Pfingstfestes »Gott gibt Lebensatem« nicht ganz nah?

Malen – Basteln – Gestalten

Boot aus Nussschalen

Material
Eine halbe Walnussschale – Zahnstocher – Plastilin – gepresstes Blatt oder Buntpapier – Buntstift – Schere

So wird's gemacht
Die Nussschale wird etwa zu 3/4 mit Plastilin gefüllt und der Zahnstocher mit dem Blatt als Segel ins Plastilin gesteckt. In einem Wasserbecken können nun die kleinen Segelboote zu Wasser gelassen und durch behutsames Pusten fortbewegt werden.
- Schulkinder können ein Segel aus Tonpapier schneiden und einen netten Gruß draufschreiben für einen Freund oder unbekannten Empfänger.

Zeichnung: Margarete Mix

- Will man ein Wettspiel damit veranstalten, so lässt sich das Ziel mit einer Fahrradpumpe präziser ansteuern.

Pfingsttaube

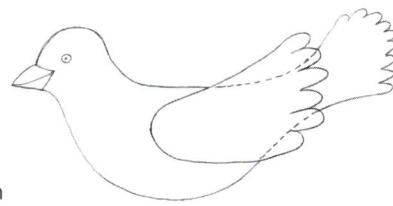

Material
Weißes Tonpapier – Buntstifte – Schere – Wollfaden

Zeichnung: Margarete Mix

So wird's gemacht
Zu Beginn machen wir eine vergrößerte Kopie von der Abbildung der Taube.
Davon pausen wir den Körper und 2 mal die Flügel durch. Diese 3 Teile dienen uns als Schablonen für weitere Tauben. Wir zeichnen die Umrisse auf das Tonpapier, schneiden sie aus und kleben der Taube beidseitig Flügel an. Mit der Schere bohren wir ein kleines Loch durch den Rücken, ziehen den Wollfaden durch und verknoteten ihn.

57

- **Zum Pfingstfest** schmückt die Taube Birken- oder blühende Zweige und kann auch an Freunde verschenkt werden.
- **Zum Geburtstag** der Kirche können die Tauben auch mit Glück- und Segenswünschen beschriftet werden.

Friedenslicht

Material
Marmeladenglas – Transparentpapier in Rot- und Gelbtönen – Kleister – Pinsel – Teelicht

So wird's gemacht
Das farbige Transparentpapier wird in spitzauslaufenden Streifen (Feuerzungen) gerissen, die etwa die Höhe des Glases haben, und aufgeklebt. Eine Teekerze wird ins Glas gestellt, angezündet und die Kinder beobachten die größer werdende Flamme. Durch das Überlappen der Papierstreifen ergibt sich ein farbenfrohes lebendiges Lichterspiel.

- Legen wir die Hände um das Glas und geben der Flamme etwas Zeit, so spüren wir bald die Wärme dieses kleinen Lichtes.

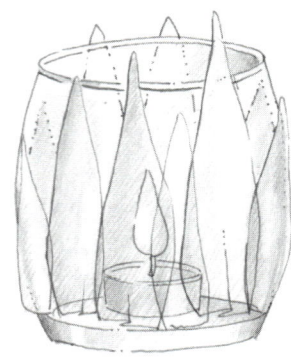

- *Wir beten:*
Gott, lass mich Feuer sein, das brennt, das entzündet ist von deiner Liebe.
Lass mich Feuer sein, das sich ausbreitet, das alles brennend macht, das brennt für dich.
Gott, sei du in diesem Feuer, lass es nicht erlöschen. Amen

Zeichnung: Ursula Stein-Wöbke

Lieder

Gottes Geist

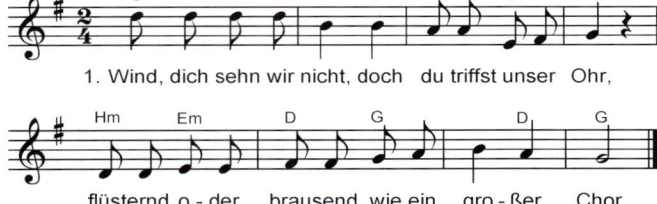

1. Wind, dich sehn wir nicht, doch du triffst unser Ohr, flüsternd o-der brausend, wie ein gro-ßer Chor.

2. Geist, wir sehn dich nicht, doch wir spür'n deine Kraft, die in uns dem Willen Gottes Raum verschafft.

Text (ursprüngliches Lied): Anders Frostenson, Übertragung: Hein Meurer, Melodie: Wikfeld 1958

Dein Geist weht, wo er will

1. Dein Geist weht, wo er will. Wir können es nicht ah-nen. Er greift nach un-sern Herzen, und bricht sich neu-e Bah-nen.

2. Dein Geist weht, wo er will, er spricht in unsre Stille, in allen Sprachen redet er, verkündet Gottes Wille.

Text: Wolfgang Poeplau, Melodie: Ludger Edelkötter
Aus: »Weitersagen«, alle Rechte im Kinder Musik Verlag, Velbert

5. Reisesegen

In früheren Zeiten gehörte der Segen fest zum Alltag hinzu. Jeder Gruß war ein Segen. »Dein Tag sei hell« wünschen sich noch heute die Türken. Die Spanier sagen »buenas dias«, gute Tage. Sie meinen, dass nicht nur dieser, sondern alle weiteren Tage gelingen sollen. Und wir wollen dem anderen sagen, wenn wir kurz »Morgen« aussprechen, dass der Morgen gut werden möge.
»Mahlzeit« ausgerufen meint gesegnete Mahlzeit; »Tschüss« kommt von »adieu« und bedeutet Gott befohlen.

In alten Zeiten war man davon überzeugt, dass der Segen sofort wirkt. Uns mag das fremd sein, aber wir wissen, dass es eben nicht gleichgültig ist, mit welchen Gedanken uns die anderen umgeben.
Die Wünsche, die wir füreinander haben, das Gute, das wir einander zusprechen, besitzen Gewicht. Nicht nur in der Bibel finden wir vielfältige Segensworte, sondern auch in Irland sind manche Segenssprüche entstanden. Dieser Segensspruch kann den Kindern vor den Sommerferien zugesprochen werden.

Foto: Gundula Nitschke

Möge dein Weg dir freundlich entgegenkommen, möge der Wind dir den Rücken stärken.
Möge die Sonne dein Gesicht erhellen und der Regen um dich her die Felder tränken.
Und bis wir beide, du und ich, uns wieder sehen, möge Gott dich schützend in seiner Hand halten.
Gott möge bei dir auf deinem Kissen ruhen. Deine Wege mögen dich aufwärts führen,
freundliches Wetter begleite deinen Schritt.

6. Theologisches Schlaglicht

Pfingsten

Das Pfingstfest beschließt den Osterfestkreis. Es erinnert daran: Jesus lebt. Er lebt bei Gott und er sendet Gottes Geist auf die Menschen, die sich zu ihm bekennen. Pfingsten zeigt: Jesu Wirken und Verkündigung geht machtvoll weiter. Wie durch Feuer und Sturm breitet sich die christliche Botschaft aus. Der Geist Gottes – der Heilige Geist – wirkt jetzt in der Verkündigung der Jünger und Apostel.

Das Pfingstfest ist die Erinnerungsfeier der Aussendung des Heiligen Geistes, wie in der Bibel berichtet wird. Als beim jüdischen Erntedankfest viele Menschen in Jerusalem waren, erfüllt die Jünger und die Apostel der Heilige Geist. Unerschrocken traten sie auf und verkündeten die Botschaft Jesu. Es war, wie wenn ein Sturm sie ergriffen hätte. Sie waren von ihrem Auftrag so ergriffen, dass das Feuer ihrer Begeisterung übersprang. Der christliche Glaube gibt den Menschen Mut und Stärke. Durch Gottes Geist erlangen die Menschen Weisheit, Einsicht und Selbstbewusstsein. Durch das Wirken des heiligen Geistes gelangen die Menschen zur Vollendung ihrer Fähigkeiten und Kräfte.

Pfingsten, das Fest des heiligen Geistes, wird am Beginn des Sommers gefeiert. Die Natur steht am Höhepunkt des Wachstums: Pflanzen und Bäume blühen, Früchte reifen heran. Die vereinzelten Fröste des Frühlings sind vorbei. Das Blühen, Wachsen und Reifen in der Natur kann nicht mehr aufgehalten werden. Es ist die geballte Kraft des Lebens zu spüren. Ein treffendes Bild für die Wirkkraft des heiligen Geistes!

Michael Schnabel

Projektbeispiel

Aus ängstlichen werden mutige Jünger

… da entstand plötzlich vom Himmel her ein Brausen wie von einem daherfahrenden gewaltigen Sturm und erfüllte das ganze Haus … (Apg 2,2.4)

Der Funke sprang über auf die Jünger und sie spürten eine Kraft in sich wie nie zuvor. Alle Angst und Feigheit waren wie weggeblasen. Sie öffneten die Fenster und Türen, stürmten auf die Straße und hielten begeisterte Reden »wie mit Feuerzungen«. Ob Juden, Araber oder Römer, alle verstanden, was die Jünger ihnen von Gott zuriefen. Sie waren einander nicht mehr fremd.

So wird's gemacht
Wir verändern das Haus vom Himmelsfahrtstag (S. 52) Als Erstes werden Türen und Fenster aufgeklappt, dann malen die Kinder die Frauen und Freunde Jesu, schneiden sie aus und lassen einige aus dem Fenster schauen, während andere auf die Straße gehen. Symbolisch für den Heiligen Geist werden Feuerzungen aufgeklebt

Foto: Margarete Mix

und die Strahlen nach allen Seiten machen deutlich, dass in alle Himmelsrichtungen Gottes Worte verkündet werden. Vor das Haus stellen wir die brennende Jesuskerze.

Herbst

Foto: Dorothea Meyer

Einführung: Herbst

Herbst ist Zeit der Ernte. Auch wenn manche Frucht wie das Getreide schon im Sommer geerntet wird, so reifen Äpfel und Birnen, Zwetschgen und Weintrauben im Herbst, wo auch die Kartoffeln eingebracht werden. Wir alle leben von der Ernte. Wenn es in früheren Zeiten eine schlechte Ernte gab, konnte eine große Hungersnot ausbrechen, bei der viele Menschen starben. In Westeuropa ist das heute dank guter Organisation und hinreichender Verkehrswege nicht mehr der Fall. Nahrungsmittel kann man überall in der Welt kaufen und aus den fernsten Ländern zu uns transportieren. Aber auch in unserer Zeit gibt es noch viele Länder, in denen Menschen verhungern. Dort ist es lebensnotwendig, eine gute Ernte einzubringen. Aber auch wir im reichen Europa sind alle auf gute Ernten angewiesen.

Im Oktober feiern wir das Erntedankfest. Wir erinnern uns an diesem Tag an all die Mühe, die auch heute notwendig ist, um eine gute Ernte einfahren zu können. Wir denken aber auch daran, dass manches gar nicht in unserer Hand steht. Trotz aller Fortschritte und Erleichterungen in der heutigen Landwirtschaft sind wir doch auf günstige Witterung angewiesen, die wir nicht selbst herbeiführen können. Vor allem aber steht uns Gott als der Schöpfer vor Augen, ohne dessen gnädige Zuwendung unsere Arbeit vergeblich wäre. Es gilt auch in der heutigen modernen Landwirtschaft: »Wir pflügen und wir streuen den Samen auf das Land, doch Wachstum und Gedeihen steht in des Herren Hand« (Evangelisches Gesangbuch Nr. 508).

Im Herbst wird uns daher in jedem Jahr bewusst, was es heißt, wenn wir bekennen: »Ich glaube an Gott, den Allmächtigen, den Schöpfer des Himmels und der Erde.« An Gott, den Schöpfer, zu glauben heißt, sich darüber klar zu sein, dass unser Leben und unsere Welt nicht nur in Gott ihren Ursprung haben, sondern vor allem, dass Gott uns von Jahr zu Jahr erhält und uns mit all dem versorgt, was wir zum täglichen Leben brauchen. Wir leben nicht aus uns selbst, sondern durch Gottes Gaben. Man kann sich das besonders daran deutlich machen, dass wir täglich Nahrung zu uns nehmen müssen; denn in uns selbst wohnt keine Kraft, die von sich aus unser Leben erhalten könnte.

Auch in der Feier der Eucharistie, im Heiligen Abendmahl, kommt das zum Ausdruck. Indem uns Brot und Wein ausgeteilt werden, wird klar, dass wir von Gottes Gaben leben. Auch unser Heil finden wir nicht in uns selbst, sondern es wird uns geschenkt. Dabei denken wir an eine andere Seite des Lebens: Damit wir leben können, muss anderes sterben. Tiere werden geschlachtet, Körner, die den Keim neuen Lebens in sich tragen, werden zermahlen, und junges Gemüse wird aus dem Boden gerissen. Damit wir leben können, muss anderes Leben geopfert werden. Von Steinen und toter Masse lebt niemand. Dieser Gedanke führt uns noch einmal zum Heiligen Abendmahl und zur Eucharistie zurück. Hier erhalten wir Anteil an Jesu Kreuzesopfer, der Grundlage unseres Heils. In der Feier der Eucharistie danken wir Gott für alle Gaben, die er uns schenkt, um unser Leben zu erhalten, die Gaben, die im Opfer Jesu Christi ihre höchste Vollendung finden.

Wir leben heute in einer Welt, die von der Technik und all ihren Folgen beherrscht wird.

Ohne die Welt der Apparate und Maschinen, die von Menschen konstruiert sind, ist heutiges Leben nicht mehr denkbar. Auch diese Welt geht auf Gottes gnädiges Geschenk zurück und gehört zu seiner Schöpfung. Darum danken wir am Erntedankfest Gott auch für diese technische Welt, die durch die Hand des Menschen geformt ist, und denken dabei an die Verantwortung, die uns übertragen ist, als Gott sprach: »Macht euch die Erde untertan!« (1 Mose 1,28)

Gerhard Rödding

5. Kapitel: Erntedank

1. Einstieg Erntedank

»Es herbstelt«, sagen die Leute, wenn die Sonne die Natur in goldene Farben taucht, die Tage schon wieder kürzer werden und die Abende kühler geworden sind. Es macht Spaß, im Herbstwind die Drachen steigen zu lassen oder im Garten bei der Obsternte zu helfen. Den ganzen Tag dröhnen die Motoren der Mähdrescher von den Feldern und die voll beladenen Erntewagen begegnen einem auf der Landstraße. Es ist Erntezeit und am 1. Sonntag im Oktober wird das Erntedankfest gefeiert.

Das Kind macht über seine Sinne Erfahrungen mit der herbstlichen Veränderung. Wir können beobachten, dass das Erleben des Kindes in einer Wechselbeziehung von Eindruck und Ausdruck steht. Was es aufgenommen hat, versucht es in seiner ihm möglichen Form (z.B. malen, erzählen) wieder auszudrücken. Um das zu fördern und dem Bedürfnis des Kindes nach Verarbeitung und Vertiefung seiner Erlebnisse nachzukommen, *»laden wir den Gruppenraum mit Impulsen auf«.*

Foto: Dorothea Meyer

Raumgestaltung

- Wir legen thematisch entsprechende Bilderbücher aus,
- wir füllen Schalen mit unterschiedlicher Erde,
- wir bieten Puzzles mit passenden Motiven an,
- wir hängen Bilder von Früchten, Lebensmitteln und Ernteszenen auf,
- wir stellen eine Kaffeemühle zum Mahlen der Getreidekörner auf,
- wir füllen einen Teller mit Früchten,
- wir breiten auf einem Tuch Baum- und Wildfrüchte zum Weitersammeln aus
- und stellen einen Getreidestrauß auf.

Diese Angebote sprechen auf ihre Weise das Kind an. Jedes Kind wird sie durch die eigenen Vorerfahrungen

Foto: Margarete Mix

anders wahrnehmen und untereinander kann es zu einem lebendigen Austausch kommen.

Weitere Einstiegsmöglichkeiten

- Besuch in einem Obstgarten und Mithelfen bei der Ernte,
- Ausflug in den Wald zum Sammeln von Baum- und Wildfrüchten,
- Spaziergang zu einem Getreidefeld, einen Ährenstrauß und Feldblumen mitbringen,

- Ausflug zu einem abgeernteten Kartoffelacker und Ausbuddeln der übrig gebliebenen Kartoffeln.
- Jedes Kind bringt das Obst oder Gemüse mit, das es gerne mag. Dazu können die Kinder erzählen, Obst und Gemüse benennen und sortieren. Es macht allen Spaß, einen Obstsalat oder eine Gemüsesuppe daraus zuzubereiten.

2. Ideen für die Kinderwerkstatt

Geschichten – Gedichte – Fingerspiele

Brot in deiner Hand

An der Jakobstraße in Paris liegt ein Bäckerladen, da kaufen viele hundert Menschen Brot. Der Besitzer ist ein guter Bäcker. Aber nicht nur deshalb kaufen die Leute des Viertels dort gern ihr Brot. Noch mehr zieht der alte Bäcker sie an. Dieser alte Bäcker ist ein spaßiger Kerl. Manche sagen: »Er hat einen Tick.« Aber nur manche. Die meisten sagen: »Er ist weise, er ist menschenfreundlich.« Einige sagen sogar: »Er ist ein Prophet.« Aber als ihm das erzählt wurde, knurrte er vor sich hin: »Dummes Zeug!«
Der alte Bäcker weiß, dass man Brot nicht nur zum Sattessen braucht. Und gerade das gefällt den Leuten.

»Ich habe Angst um meine kleine Tochter,« antwortete der Busfahrer Gérad. »Sie ist gestern aus dem Fenster gefallen, vom 2. Stock!« – »Wie alt?«, fragte der Bäcker. »Vier Jahre,« antwortete Gérad. Da nahm der alte Bäcker ein Stück vom Brot, das auf dem Ladentisch lag, brach zwei Bissen ab und gab das eine Stück dem Busfahrer. »Essen Sie mit mir,« sagte der alte Bäcker zu Gérad. »Ich will an Sie und Ihre kleine Tochter denken.« Der Busfahrer hatte so etwas noch nie erlebt, aber er verstand sofort, was der alte Bäcker meinte, als er ihm das Brot in die Hand gab. Und sie aßen beide ihr Stück, schwiegen und dachten an das Kind im Krankenhaus.

gekürzt nach Heinrich Mertens

Ich will dir danken,

guter Gott, für die schöne Herbstzeit:
für die bunten Blätter, die in der Sonne leuchten
und das Land verzaubern;
für die Kastanien, die ich so gerne sammele;
für den wilden Herbstwind,
den ich nicht sehen, aber spüren kann,
der mir um die Ohren pfeift
und meinen Drachen steigen lässt;
für die vielen Früchte,
die auf dem Kuchen und als Marmelade gut schmecken;
für alles, was du wachsen lässt,
damit Menschen und Tiere satt werden.
Danke dafür, guter Gott.

Gedicht: Mein Garten

Ich hab 'nen Garten, der ist fein,
doch leider nur ganz klitzeklein,
Harken, hacken, säen, gießen,
Wildkraut lasse ich nicht sprießen.
Zupf es raus, es muss hier fort,
Gemüse wächst an diesem Ort.
Sonne wärmt mit ihrem Schein,
Regentropfen fallen fein
auf meinen kleinen Garten.
Ich kann es kaum erwarten,
bis an diesem schönen Ort
Gemüse wächst in einem fort.
Dann ess ich jeden Tag
Gemüse, weil ich's mag.
Obst steck ich in den Mund,
denn es ist sehr gesund.
Mein Garten ist sehr fein,
doch leider klitzeklein.

Fingerspiel: Sonnenblume

Sonnenblume, Sonnenblume
steht an unserem Gartenzaun.
Außen hat sie gelbe Blätter, innen ist sie braun.
Kommt ein Vöglein angeflogen, ist gar hungrig sehr.
»Sonnenblume, Sonnenblume, schenk mir doch ein
Körnlein her.«

Foto: Dorothea Meyer

Sonnenblume schenkt dem Vöglein Körner ohne Zahl.
»Danke,« ruft es fröhlich, »danke, das war ein gutes Mahl!«

- Die linke Hand wird hochgehalten und stellt die Sonnenblume dar, mit der Handhälfte als Blütenkorb und den gespreizten Fingern als Blütenblätter. Die rechte Hand deutet den heranfliegenden Vogel an, der pickt, sich bedankt und wegfliegt.

Vom Apfel- und Pflaumenbaum

Hier steht ein Apfelbaum,
hier steht ein Pflaumenbaum.
Sie hängen voller Früchte,
man sieht die Blätter kaum.
Da kommt der Wind geblasen,
hu hu, er zaust sie sehr.
HU hu, das ist nicht zum Spaßen,
er schüttelt sie immer mehr.
Es wird immer bunter
und holterdiepolter fällt alles herunter.

- Beide Hände werden hochgehalten und die Finger als Äste ausgestreckt. Wenn der Wind die Äste schüttelt, bewegen sich die Finger erst sanft, dann stärker, schließlich werden sie gerüttelt und die Früchte (Finger) fallen nach unten.

65

Malen – Basteln – Gestalten

Obstkranz

Der Obstkranz lädt uns zum Loben und Danken für Gottes Gaben ein.

Material
Buntes Tonpapier – Buntstifte – Band zum Aufhängen

So wird's gemacht
Die Kinder zeichnen Äpfel, Birnen, Pflaumen, Bananen, Blätter und Stiele auf das passend farbige Tonpapier.

Kranz: Margarete Mix

(Apfelgröße ca. ø 7 cm). Dann werden die Früchte ausgeschnitten oder ausgerissen (Ausreißen ist für Jüngere schwerer, sieht aber natürlicher aus). Die Früchte werden zu einem Kreis gelegt und beim Kleben immer etwas übereinander gelappt.
Anschließend bekommen die Früchte Stiele – und zum Auflockern können Blätter zwischen das Obst geklebt werden. Ist die Klebe getrocknet, bekommt der Kranz ein hübsches Band zum Aufhängen.

Kartoffelkönig

Der Kartoffelkönig vergisst die Hungernden nicht. Wenn wir teilen, können auch andere satt und froh werden.

Vorbereitung
Den Kindern wurde die bekannte Geschichte vom Kartoffelkönig erzählt. Sie bekommen die Aufgabe, von zu Hause die größte Kartoffel mitzubringen.

Material
Große Kartoffel – Messer – Goldpapier – Samt oder ähnlichen Stoff – Zahnstocher – Eicheln – Bucheckern – Klebe

So wird's gemacht
Zuerst betrachten wir die Form der Kartoffel und schneiden dann von der langen Seite ca. 1/2 cm ab, damit sie senkrecht auf dem Tisch stehen kann.
Aus Samt, Brokat oder ähnlichem Stoff wird je nach Kartoffelgröße ein Rechteck oder Quadrat für den Umhang geschnitten. Man lässt etwa das obere Drittel der Kartoffel als Kopf frei und steckt dann mit zwei Zahnstochern den Umhang fest. Zwei Eicheln werden halbiert, wobei zwei Hälften als Augen in die Kartoffel gedrückt werden und eine Eichelhälfte als Nase aufgeklebt wird. Der Mund wird aus Bucheckern gesteckt.
Abschließend bekommt die Kartoffel eine Krone aus Goldpapier, die mit Klebe fixiert wird.

Der Baum als Freund

Der Baum begleitet uns das ganze Leben.
■ Schon als Kleinkind begegnen wir dem Christbaum als Hoffnungsbaum, der mit vielen Hoffnungssymbolen geschmückt ist. Der Baum beschenkt uns mit vielen Gaben. Die Kinder sollen sensibel werden für das Geschenk der Bäume. Auch Tieren gibt er Nahrung und Wohnung. Schon vor uns haben Menschen die Bäume gepflanzt und gepflegt. Auch wir sind in der Verantwortung für kommende Generationen, mit Gottes Schöpfung gut umzugehen: »Und Gott, der Herr, nahm den Menschen und setzte ihn in den Garten Eden, dass er ihn bebaue und bewahre.« 1 Mose 2,15

Menschen sind den Bäumen ähnlich.
■ Unser Lebenswachstum ist mit den Lebensringen des Baumes vergleichbar. Auf einer Baumscheibe zeigen

uns die Jahresringe gute und schlechte Phasen. Wie Bäume, so brauchen auch wir Menschen feste Wurzeln und einen guten Boden, um Früchte zu tragen.

»An ihren Früchten werdet ihr sie erkennen.«
Matthäus 7,16-20

Malen des Lieblingsbaumes

Vorbereitung
Von einem Spaziergang haben wir Blätter und Früchte unseres Lieblingsbaumes mitgebracht und die Blätter gepresst.

Material
Breite Tapete – Fingerfarben – Wasser – Pinsel – Blätter – Früchte – Klebe

So wird's gemacht
Vor dem Malen schließen wir die Augen und erinnern uns an die Gestalt unseres Lieblingsbaumes.
Dann wird der Baum großzügig auf die Rückseite der Tapete gemalt und mit den gepressten Blättern und eventuell vorhandenen Früchten beklebt.
Auch Tiere finden in unserem Baum noch Wohnung und Nahrung.

Die Baumthematik kann uns noch bis Weihnachten begleiten, weil sie als Symbol für Hoffnung und Leben steht.

Backen – Kochen

Herbstbäumchen

Für den Hefemürbeteig brauchen wir:
- 500 g Mehl
- 200 g Butter / Margarine
- 25 g Hefe
- 125 g Zucker
- 2 Eier
- 1 Prise Salz
- 1 Ei zum Bestreichen
- rote oder blaue Smarties
- Zuckerguss vorbereitet

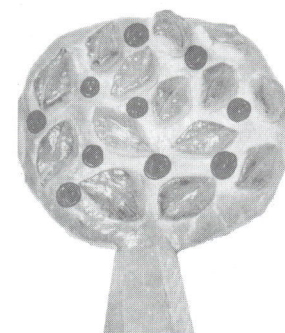

Vorlage: Margarete Mix

Zubereitung
Mehl und Butter oder Margarine verkneten – Hefe mit Zucker mischen – mit Eiern und Salz zur Mehl-Fett-Mischung geben und gut durchkneten.
Inzwischen einen Baum backblechgroß auf Papier zeichnen und ausschneiden. Auch Blattformen aufzeichnen und ausschneiden.
Auf das gefettete Backblech den Teig 1 cm dick ausrollen. Papierform drauflegen und das Bäumchen aus Teig ausschneiden. Den restlichen Teig kneten, 1/2 cm dick ausrollen und Blätter ausschneiden.

Eigelb mit etwas Wasser verquirlen, die Unterseite der Blätter damit bestreichen und auf den Baum kleben. Blattadern einritzen und den Teig aufgehen lassen. Mit dem Eigelb alles bestreichen.
15 – 20 Minuten auf der mittleren Schiene im vorgeheizten Backofen backen.
Elektroherd: 200 Grad, Umluftherd: 180°C, Gasherd: Stufe 3.

Zur Verzierung
können zwischen die Blätter noch »Äpfel« oder »Pflaumen« gesetzt werden. Dafür braucht man vorbereiteten Zuckerguss und rote oder blaue Smarties.

Weizenkornbrot

- 700 g Mehl
- 500 g Wasser
- 1 Würfel Hefe
- 1 Esslöffel Kräutersalz
- 20 g Brotgewürz
- Sonnenblumenkerne nach Belieben

Vorlage: Margarete Mix

Den Hefewürfel mit 1 Esslöffel Kräutersalz und 1/2 Liter lauwarmen Wasser gut verrühren. Dann das Mehl unterrühren und gut durchkneten. Sonnenblumenkerne dazugeben. (2 Esslöffel davon zurückbehalten). Den Teig rund oder lang formen, glatt streichen, mit Sonnenblumenkernen bestreuen und obenauf einschneiden. Das Brot in den kalten Backofen schieben und bei 240°C 1 Stunde lang backen.

Kartoffelfeuer auf dem Feld

Nach der Kartoffelernte verbrannte der Bauer auf dem Feld das trockene Kartoffelkraut in großen Haufen. Bei der Nachlese sammelten sich noch viele Körbe voll Kartoffeln, die der Bauer ins Feuer gab und in der Glut garen ließ. Für alle Erntehelfer bedeutete der Kartoffelschmaus ein kleines Festessen zum Abschluss einer anstrengenden Feldarbeit.

Kartoffelfeuer auf dem Spielplatz

– oder auch im Garten: Das ist für die Kinder ein unvergessliches Erlebnis! Viel Spaß macht es, auch Eltern und Großeltern dazu einzuladen, weil sie aus ihrer

Foto: Margarete Mix

Kindheit von solchen Erlebnissen erzählen können, die heutige Stadtkinder nicht mehr kennen. Außerdem ist aus Sicherheitsgründen die Wachsamkeit von Erwachsenen beim Feuer sehr hilfreich.

Vorbereitung

Beim Aussuchen des Feuerplatzes wird eine baumfreie Stelle bestimmt und die Windrichtung berücksichtigt, um Rauchschwaden auf Nachbargebäude zu vermeiden. Die Feuerstelle kann mit einem dünnen Blech von ca. 1,5 m² unterlegt werden oder man säumt sie mit Mauersteinen ein. Um den Rasen zu schonen, kann man die Rasendecke auch ca. 10 cm tief abheben, um sie später unbeschadet wieder einzusetzen. Bereitgestellt wird ein Eimer Wasser oder ein angeschlossener Gartenschlauch.

Material
- Trockenes Holz, Obstkisten
- gewaschene, mittelgroße Kartoffeln in Alu-Folie
- Butter
- Salz
- Kräuterquark

Zubereitung von Kräuterquark
Speisequark (Magerstufe) – Crème fraîche – Milch – zerdrückte Knoblauchzehe – klein gehackte Zwiebeln – gehackte Petersilie und Schnittlauch – Salz und Pfeffer mischen und zu einem cremigen Kräuterquark verrühren.

Garen der Kartoffeln
Wenn ausreichend Glut vorhanden ist, die Folienkartoffeln hineinlegen und ca. 40 – 50 Minuten garen (Probe machen). Nun haben sie ihr typisch rauchiges Aroma und schmecken gut zu Butter und Salz oder Kräuterquark
Die Folienkartoffel oben der Länge nach tief einschneiden, auseinander klappen, Kräuterquark draufgeben und mit dem Löffel aus der Schale essen.

Noch ein Tipp

Das Lied vom Mann in Sung (S. 69) erzählt davon, dass Wachsen und Reifen seine Zeit braucht und vom Menschen Geduld erfordert. Viele Schöpfungsvorgänge sind von uns nicht zu beeinflussen.
Auch das Wachsen des Kindes braucht Zeit und die Geduld der Eltern und Erzieher.
- Das Lied eignet sich auch sehr gut für einen Elternabend, bei dem die Entwicklung der Kinder im Vordergrund steht.

Lieder

Lieber Gott, wir danken dir

Lie-ber Gott, wir dan-ken dir für das täg-lich

Brot. Wachsen Äh-ren auf dem Feld

ha-ben wir nicht Not. Not.

Ein Mann in Sung

1. Ein Mann in Sung, schon nicht mehr jung,

hat auf dem Feld sein Korn be-stellt.

2. »Die Zeit ward lang, dem Mann ward bang,
   man sah ihn geh'n sein Feld beseh'n.«

Text und Melodie: Wolfgang Longardt
Aus: Wolfgang Longardt, Leben im Jahreskreis, Freiburg 1984.

Was wir brauchen

Was wir brau-chen, gibt uns Gott:

fro-hes Herz und täg-lich Brot.

Aus der Tschechoslowakei

2. Frisches Wasser schenkst du uns,
   Herr, wir danken dir.
   Dass wir atmen klare Luft,
   sorgen wir dafür

3. Sonne, Mond und Sternenlicht
   stehn am Himmelszelt.
   Danke, lieber Gott, dafür,
   danke für die Welt

Text: Paul-Gerhard Hecker
Melodie: Fritz Baltruweit,
Alle Rechte im tvd-Verlag, Düsseldorf 1999.

Foto: Margarete Mix

Spiele

Fantasiespiel:
Plauderstündchen im Kornfeld

Wir knüpfen an die Beobachtungen der Kinder am Kornfeld oder an ihr Wissen über Leben im Getreidefeld an.

Spielablauf
Alle Kinder spielen mit. Viele Kinder stehen als *Kornähren* auf dem *Feld* und erzählen sich, was sie alles erleben. Die Unterhaltung der *Ähren* könnte so klingen: »Die *Sonne* brennt heute ganz schön. Wie gut, dass nachmittags etwas *Wind* aufkam und mich schaukelt und dabei kühlt.« – »Ach, ich bin ganz froh um die Sonne. Noch ein paar Tage und meine Körner sind reif.« Auch *Tiere* und *Ackerpflanzen* kommen zu Wort. Den Ausklang des Spiels übernimmt leise Windmusik, zu der sich die *Ähren* wiegen.

69

Singspiel: Ich die Sonnenblume

Zielvorstellung

Die Sonnenblume mit ihren leuchtenden Blüten ist stets der Sonne zugewendet. Sie ist wie ein Sinnbild für uns Menschen, dass wir uns Gott, dem Licht, zuwenden. An ihrem Beispiel sehen die Kinder auch: Wachsen und Vergehen liegen nahe beieinander und Gott gibt uns die tröstliche Gewissheit, dass Pflanzen im nächsten Jahr wiederkommen. Im 1 Mose 8,22 gibt er sein Versprechen: »Solange die Erde steht, sollen nicht aufhören Saat und Ernte, Frost und Hitze, Sommer, Winter, Tag und Nacht.«

Mitspieler

Sonnenblume – Sonne – Regen – Kind – Bienen – Vogel (oder Vögel)

Requisiten

Gießkanne – Stab – Band – farbige Tücher – Orff-Instrumente zur Begleitung

Möglicher Ablauf

- Die Kinder hören die gereimte Lebensgeschichte der Sonnenblume und besprechen die Rollenverteilung.
- Die Requisiten sind schnell zur Hand und die schlichten einfarbigen Tücher unterstreichen die Wirkung der Pantomime.
- Den Kehrvers können die zuschauenden Kinder mit Instrumenten begleiten oder um die Sonnenblume tanzen.

Noch ein Tipp

Das Singspiel lässt sich mit seiner Thematik gut in einen Gottesdienst einsetzen, doch es macht auch als Beitrag eines Festes viel Spaß.

Ich, die Sonnenblume

Ich, die Son-nen-blu-me, sing' ein klei-nes Lied.

Sing' zum Ern-te - dank-fest, was im Jahr ge - schieht.

Gott hat einst ver - spro-chen: Dies hört nim-mer auf.

Sä-en, Blü-hen, Ern-ten, un-ser Jah-res - lauf!

gesprochen:

1. Als Korn in dunkler Erde, so lag ich viele Wochen,
   erst musst es wärmer werden, dann bin ich aufgebrochen.

   Ans Licht wollt ich mich strecken, als Keim wuchs ich hinauf,
   die Sonne tat mich wecken, dann brach die Erde auf!

   Ich sah die Sonne scheinen, ich wollte größer werden,
   doch brauch ich nicht nur Sonne, nein, Regen auch auf Erden.

Kehrvers: Ich, die Sonnenblume …

gesprochen:

2. Ein Kind am Gartenzaune bewundert täglich mich:
   »Du wächst so schnell, ich staune, bist schon so groß wie ich!«

   Als trock'ne Tage kamen, da goss es freundlich mich.
   »Der Sturm bringt dir Gefahren«, sagt es, »ich stütze dich.«

   Ein dicker Stab im Garten gab Halt mir, ich war froh.
   »Ihr Bienen sollt nicht warten. Seht, schmeckt, ich blühe so!«

Kehrvers: Ich, die Sonnenblume …

gesprochen:

3. Doch kommt der Herbst ins Land nun, da werd ich alt und krumm,
   manch hungrig kleiner Vogel fliegt her und um mich 'rum.

   Pickt Samen aus der Blüte, auch Öl presst man aus mir,
   ich bin zu manchem nutze, erfreue Mensch und Tier!

Kehrvers: Ich, die Sonnenblume …

gesprochen:

4. Und neue Blumen werden aus meinen Kernen dann,
   weil Gott es will auf Erden, fängt neu ein Sommer an.

   Nützlich war ich für vieles, ich sterb nun langsam still,
   ich brachte vielen Freude, mein Leben ist am Ziel.

Kehrvers: Ich, die Sonnenblume …

Text und Melodie: Wolfgang Longardt, aus: Anvertrautes entdecken,
Alle Rechte im Verlag Ernst Kaufmann, Lahr, Christophorus-Verlag, Freiburg.

3. Projektbeispiel: Erntedankgottesdienst

Jahreskreis – Lebenskreis

Danken
für die Früchte, die wir sehen, und
für die Früchte, die wir nicht sehen.

Zielvorstellung
Zu allen Zeiten brachten die Menschen nach der Ernte
Dankopfer dar. In manchen Gegenden Deutschlands
war es früher Brauch, den ersten Erntewagen mit Getreide an arme Menschen zu verschenken, die keine
eigenen Felder besaßen und meist kein Geld hatten,
sich Getreide zu kaufen. War die Ernte eingefahren, so
feierte das ganze Dorf ein großes Fest voll Fröhlichkeit.
Wenn Kinder von diesem Brauchtum hören, wird ihnen
deutlich, welchen Stellenwert das Teilen mit den Bedürf-
tigen schon in den früheren Generationen hatte.

Danken für die sichtbaren Früchte
Heute haben die Kinder kaum Gelegenheit, den
Wachstumsprozess von der Aussaat bis zur Ernte zu
beobachten. Sie wissen nichts von dem langen mühe-
vollen Weg. Sie erleben, dass Obst, Gemüse, Milch
und Brot im Supermarkt zu kaufen sind und das ganze
Jahr hindurch in großer Auswahl angeboten wird, denn
Kühlhäuser und Importmöglichkeiten haben die mühsa-
me Vorratshaltung längst abgelöst.
Trotz moderner Technik sind gute Ernteerträge nicht
selbstverständlich. Hagel, Regen, Trockenheit, Sturm
und Ungeziefer können das Wachstum beeinträchtigen
oder vernichten.
Den Kindern sollen Zusammenhänge aufgezeigt und
Möglichkeiten für eigenes Erleben geschaffen werden.
So erfahren sie, wie kostbar Nahrung ist.
Wir freuen uns über eine gute Ernte und danken Gott
und den Menschen dafür.

Danken für die Früchte, die wir nicht sehen
Von Beginn unseres Lebens an sind wir – Empfangen-
de. Wir erfahren Liebe, Fürsorge, Zuwendung, Trost
und Freundschaft. Schon der Säugling nimmt das alles
wahr und reagiert darauf. Durch ein Lächeln und seine
Zufriedenheit gibt er seinen »Dank« zurück.

Der Sessel steht für das
Ausruhen und Besinnen
auf alles Erlebte.

Die Wiege steht für den
Neubeginn, vom Keimen
zum Wachsen.

Das Haus steht für die
Zeit vom Ernten zum
Genießen.

Das Zelt steht für die
Zeit vom Wachsen
zum Ernten.

Zeichnung: Ursula Stein-Wöbke

Geben und Nehmen gehören zum Gesetz unseres Lebens. Jedes Kind macht täglich seine Erfahrungen
dazu, ob es zu Hause in der Familie, im Kindergarten
oder in der Schule ist, und kann darüber erzählen. Dabei ist es wichtig, auf die Gefühle einzugehen, wie es
ist, wenn sich jemand uns zuwendet, z.B. durch Trösten, und wenn wir das zu einem anderen tun. Das Erkennen von »nicht selbstverständlichen Gaben« könnte
die Kinder auf den Weg vom Denken zum Danken bringen. Sie werden angeregt, sich selbst und die Menschen bewusster wahrzunehmen.

Vorbereitung

Ein Erntedank-Gottesdienst hat in den meisten Kirchengemeinden lange Tradition und wird in der großen Gemeinschaft von Jung und Alt gefeiert.

Der Dank gilt dem guten Verlauf des Jahreskreises und des Lebenskreises, denn beide sind eng miteinander verbunden. Die Gottesdienstgestaltung dieses Projektbeispiels plante ein Team aus vier Gemeindegruppen. Das Frühjahr übernahmen *Kindergarteneltern*, den Sommer die *Pfadfinder*, den Herbst die Eltern der *Kinderkirche* und den Winter die *Seniorengruppe*. Die Vorbereitungen einer jeden Gruppe konnten durch die Aufgabenteilung leicht bewältigt werden. Die Kindergarteneltern gestalteten für den Altarraum das Baumbild (Seite 71) in der Größe 2x3 m.

Da der Erntedank-Gottesdienst nicht in der ganzen Länge dargestellt werden kann, soll hier die Katechese im Vordergrund stehen.

Beginn des Gottesdienstes

Die Kinder ziehen mit Erntegaben ein und legen sie vor den Altar. Dazu singen sie:
»Erntedank ist heute«
Nach der Begrüßung und Einführung durch den Pastor spricht er das Gebet:

> *Guter Gott,*
> *du sorgst dich um deine Geschöpfe wie ein guter Vater und eine gute Mutter, du lässt es Tag und Nacht werden und schenkst uns deine Treue im ständig wiederkehrenden Jahreslauf. Wir erhalten sichtbare und unsichtbare Gaben, die wir zum Leben brauchen. Wir wollen deine Geschenke nutzen und sie für andere einsetzen. Du hast uns deine Erde anvertraut. Wir danken dir für die reiche Ernte des Jahres. Lass uns mit deinen Gaben auch den Notleidenden helfen: Darum bitten wir durch Christus, unseren Herrn.*

Das Evangelium

Markus 4,26-29 erzählt das Gleichnis von der von selbst wachsenden Saat.

Katechese

Pastor:
Im Evangelium haben wir eben gehört, wie das Korn im Zyklus von Tag und Nacht heranwächst und reift

ohne das Zutun des Sämanns. Wenn dann die Ernte reich ausfällt, ist es ein großes Geschenk.
Wir sind in diesem Jahr auch wieder reich beschenkt worden durch eine gute Ernte. Vieles habt ihr mitgebracht und es liegt vor dem Altar. Wir haben Früchte geerntet, die wir sehen können, wir haben aber auch Früchte, die wir nicht sehen können, die aber in unserem Leben sehr wichtig sind.
Das kann uns deutlich werden an diesem Baum, an dem wir den Kreislauf des Jahres erkennen, der so auch für den Kreislauf des Lebens steht und den wir unseren Lebensbaum nennen können.
In der Natur sind die Entwicklungen des Baumes von den vier Jahreszeiten beeinflusst.
Unseren Lebensbaum prägen vier Lebenszeiten, denen wir Symbole gegeben haben.

Kindergarteneltern:
1. Die *Wiege* steht für den Neubeginn: *vom Keimen zum Wachsen*

In dieser Zeit werden die ersten Grunderfahrungen gemacht – Geborgenheit und Schutz erfahren. Hier wächst das Vertrauen zu den Menschen, von dem später auch das Gottvertrauen abhängig ist.

Wie bei einem Baum das Treiben, Knospen und Blühen von vielen Einflüssen abhängig ist, so ist es auch bei der Entwicklung unserer Kinder.
Wir wollen die Blüte besonders schützen, denn in ihr sind alle Anlagen der späteren Frucht.

■ *Kindergartenkinder* kleben vorbereitete Blüten in den Frühlingsabschnitt des Baumes.

Pfadfinder:
2. Das *Zelt* steht für die Zeit: *vom Wachsen zum Ernten*.

Der schützende Raum der Familie wird verlassen – der Lebensraum erweitert sich um Schule, Beruf – das Rüstzeug aus der Kindheit ist im Rucksack – unterwegs sein – sich orientieren – Entscheidungen treffen ist jetzt im Vordergrund.

Das Zelt ist schnell aufgebaut. Es kann aber auch schnell wieder abgebaut werden und an anderer Stelle wieder neu aufgestellt werden. Es ist ein Symbol für Beweglichkeit und Unabhängigkeit. Ein Zelt schützt vor schlechtem Wetter und gibt Geborgenheit.

Wie sieht es denn bei uns im Sommer unseres Lebens aus? Es ist die Zeit des Ausprobierens, des Unterwegsseins. Wir wachsen an unseren Aufgaben. Manchmal klappt etwas nicht so gut, wie wir uns das vorgestellt haben. Wie ein Zelt, das einstürzt. Bedingt durch Ausbildung und Beruf sind wir häufig gezwungen, immer wieder neu anzufangen, unser Zelt immer wieder neu aufzustellen.

Bei allen Aktivitäten in diesem Lebensabschnitt wissen wir uns geborgen in Gottes Gegenwart. Der Glaube gibt uns Zuversicht.

■ *Pfadfinder* kleben vorbereitete Blätter in den Sommerabschnitt des Baumes.

Eltern der Kinderkirche:

3. Das *Haus* steht für die Zeit: *vom Ernten zum Genießen*

Der Platz im Leben ist gefunden und aus der geleisteten Arbeit lassen sich Früchte erkennen.

Es zeigt sich, woraus die Wurzeln der Lebensgemeinschaft Familie ihre Kraft schöpfen. Stamm und Baumkrone haben schon viele Stürme überstanden, haben aber auch gute Zeiten erlebt. Und ihre Früchte?

Früchte reifen durch die Sonne;
Menschen reifen durch die Liebe.
Wenn wir fest verwurzelt sind und unseren Platz im Leben gefunden haben,
können wir Frucht bringen.

■ *Eltern* hängen vorbereitete Äpfel (Papiertechnik) in den Herbstabschnitt des Baumes.

Senioren:

4. Der *Sessel* steht für die Zeit: *des Ausruhens, Erholens, Besinnens auf alles Erlebte*.

Zur Ruhe kommen – Entspannen – Kräfte schöpfen – Erfahrungen weitergeben.
An diesen Rhythmus von Arbeit und Ruhe erinnert die Schöpfungsgeschichte: »Und am siebten Tage ruhte Gott.« Ruhe gehört zum Urgeschehen der Schöpfung. Die abgeernteten Felder und die winterliche stille Natur erinnern daran. In der Ruhe können Kräfte gesammelt werden, die Grundlage für neues Leben sind.

■ *Senioren* legen Watte als Schnee auf die kahlen Äste.

Der Segen und ein Dankeslied beschließt den Gottesdienst.

4. Theologisches Schlaglicht

Erntedank

Je nach Gegend verschieden wird das Erntedankfest an einem Sonntag im Oktober begangen – meist am ersten. Der religiöse Sinn dieses Festes ist, Gott, dem Geber aller Gaben, für die Ernte zu danken. Heute steht nicht nur der Dank für die Früchte des Feldes und der Gärten im Vordergrund, sondern der Dank für den Lebensunterhalt, den Arbeitsplatz, die gesicherten Lebensumstände. Denn Tag für Tag erleben wir es hautnah durch die Medien, wie durch Naturkatastrophen, Krankheiten und Unfälle Menschen leiden und sterben. Erntedank ist auch das Fest des Hochgenusses, der Freude und Begeisterung. Denn Erntedank ist auch die Erinnerung daran, welche Freude, Begeisterung und Stolz damit verbunden ist, ernten zu dürfen. Mit »Ernten« ist nicht nur das Einbringen von Obst und Früchten gemeint. Wir benutzen den Ausdruck in einem weiteren Sinn: Wir ernten unsere Erfolge. Wir ernten unseren Lohn. Wir ernten Anerkennung. Es ist die Freude über ein gelungenes Werk, über eine kreative Schöpfung, über die Realisierung neuer Ideen. Kinder haben dieses Hochgefühl, wenn ihnen eine Zeichnung gelungen ist, wenn sie eine Bastelarbeit anfertigen, wenn sie eine neue Fähigkeit erwerben konnten.
»Dass ich das erleben durfte …« sagen Menschen, wenn sie etwas Außergewöhnliches erlebten oder Einmaliges geleistet haben. Erntedank kann auch ein Dankfest für die schönen Erfahrungen im Leben sein.
Michael Schnabel

73

6. Kapitel: Allerheiligen – Allerseelen – Ewigkeitssonntag

1. Einstieg Allerheiligen

»Heilig – von Gott berufen und geliebt«, so heißt es im 1. Römerbrief des Paulus. Nach christlicher Überzeugung sind alle Getauften, alle mit Gott verbundenen Menschen »heilig«. So könnte der Allerheiligentag auch der »Namenstag« aller Getauften sein, sowohl der heute Lebenden als auch der Verstorbenen. Hunderte der ersten Christen in der Urkirche setzten sich für ihren Glauben so sehr ein, dass man sie dafür verfolgte, gefoltert und getötet hat. Weil sie aus Liebe zu Christus starben, heißen sie Märtyrer. Besonders an sie und unzählige andere glaubensstarke Menschen, ungenannte und deren Namen noch bekannt sind, wird an Allerheiligen gedacht. Manches aus ihrem Leben wurde aufgeschrieben und durch einen Gedenktag hervorgehoben. So wie Jesus es vorgelebt hat, so setzten sich Heilige vor allem für Arme, Kranke und Unterdrückte ein.

So wie Jesus waren sie deshalb für andere unbequem. Heilige sind Vorbilder und machen uns Mut, das Christsein wieder neu zu versuchen.

Gerade weil sie ganz normale Menschen mit Schwächen und Stärken waren, geben sie uns Hoffnung, dass wir es auch schaffen können.

Foto: Margarete Mix

Bilder von Heiligen

Von zu Hause und aus den Bibliotheken sammeln die Kinder Bilder mit Darstellungen der Heiligen.
Unsere Bildergalerie betrachten die Kinder aufmerksam und stellen fest:
- dass die Bilder aus verschiedenen Zeitepochen stammen,
- dass bekannte Heilige wie Maria, die Mutter Jesu, die Fürstin Elisabeth aus Thüringen, der Kaufmanns-

sohn Franziskus, der Soldat Martin und der Bischof Nikolaus schnell erkannt werden,
- dass viele Heilige mit Heiligenschein abgebildet sind und mit Attributen, an denen man sie ebenfalls erkennt, wie z.B. Petrus mit dem Schlüssel, Michael mit dem Schwert, Christophorus mit dem Kind …

Wer kann etwas aus dem Leben eines Heiligen erzählen?

Gespräche – Bräuche

Ich habe einen Namen

und ich bin getauft, heißt ein Liedanfang.
- Die Kinder nennen ihren Namen und wir klatschen ihn zwei mal.

Gab es eine bekannte Heilige oder einen Heiligen mit demselben Namen? Wann und wie hat mein Namenspatron oder »Namensfreund« gelebt?

Für Kinder ist es spannend, Geschichten von denen zu hören, die vor langer Zeit denselben Namen getragen haben. Je nach konfessionellem und örtlichem Brauch wird der *Namenstag* in der Familie gefeiert.
Ist das nicht der Fall, so kann das Kind von der Gruppe mit besonderen Glück- und Segenswünschen bedacht werden, weil es einmalig und von Gott geliebt ist.
Dazu zünden wir ihm zu Ehren eine Kerze an.

2. Ideen für die Kinderwerkstatt

Malen – Basteln – Gestalten

Namenskerze

Jedes Kind gestaltet seine eigene Namenskerze.

So wird's gemacht
Auf eine farbige dicke Kerze schreiben wir den Namen des Kindes. Dazu rollen wir eine bunte Wachskugel zu einer langen dünnen »Schlange« aus und legen damit den Namen.
Schwieriger ist es, Buchstaben aus Wachsplatten mit dem Messer auszustechen.
Weiter kann die Kerze mit Symbolen oder Mustern und Blumenranken verziert werden.
Die Namenskerze wird zum Geburts- und Namenstag,

Foto: Margarete Mix

zum Tauftag und zu allen besonderen Gelegenheiten angezündet.

Backen

Himmelsleiter aus Hefemürbeteig

(Rezept siehe 5. Kapitel Erntedank, Seite 67)

In manchen Gegenden Süddeutschlands ist es alter Brauch, am Vorabend des Allerheiligenfestes arme Familien und Hilfsbedürftige zu beschenken. Mancherorts beschenkt der Pate sein Patenkind. Dafür werden Allerheiligenbrote oder -strizel gebacken als Zeichen dafür, dass man wie die Heiligen Lebensnotwendiges (Essen) teilt. Die Himmelsleiter verbindet Erde und Himmel miteinander. Sie soll deutlich machen, dass die Heiligen als Freunde verbunden sind und wir später auch Gott ganz nah sein wollen.

Zeichnung: Ursula Stein-Wöbke

Lieder

Ja, wenn der Herr einst wiederkommt

1. Ja, wenn der Herr einst wieder-kommt, ja wenn der Herr einst wie-der-kommt, dann lass mich auch da-bei sein, ja, wenn der Herr einst wie-der-kommt.

2. Und wenn die Heil'gen auferstehn …
3. Und wenn sie stehn um deinen Thron …
4. Und wenn man singt: Halleluja …
5. Und wenn die Welt wird wieder neu …
6. Und wenn du uns beim Namen rufst …

Text und Melodie: Hoffmann/Mausberg/Norres/Schuhen
Aus: Liedmesse für die Adventszeit, Edition Werry, Mülheim an der Ruhr

Selig seid ihr

1. Se - lig seid ihr, wenn ihr ein-fach lebt.
2. Se - lig seid ihr, wenn ihr lie-ben lernt.
4. Se - lig seid ihr, wenn ihr Frieden macht.

Se - lig seid ihr, wenn ihr Las-ten tragt.
Se - lig seid ihr, wenn ihr Gü - te wagt.
Se - lig seid ihr, wenn ihr Un-recht spürt.

3. Se - lig seid ihr, wenn ihr Lei-den merkt.

Se - lig seid ihr, wenn ihr ehr-lich bleibt.

2. Selig seid ihr, wenn ihr lieben lernt.
Selig seid ihr, wenn ihr Güte wagt.
Selig seid ihr, wenn ihr ehrlich bleibt.

3. Selig seid ihr, wenn ihr Frieden macht.
Selig seid ihr, wenn ihr Unrecht spürt.
Selig seid ihr, wenn ihr Leiden merkt.

Text: Friedrich Karl Barth und Peter Horst, Melodie: Peter Janssens
Aus: Uns allen blüht der Tod, © Peter Janssens Musik Verlag, Telgte

3. Einstieg Allerseelen – Ewigkeitssonntag

Das Kirchenjahr hat fröhliche und nachdenkliche Feiertage. Allerseelen und Ewigkeitssonntag gehören eher zu den besinnlich, stillen. Wir denken an die Menschen, die verstorben sind. Der Tod ist fester Bestandteil unseres täglichen Lebens, sei es im Fernsehen oder in den Todesnachrichten der Zeitung. Kinder wissen das und haben den natürlichen Wunsch, darüber etwas zu erfahren. Der Tod eines Angehörigen kann das Leben einer Familie völlig verändern. Auf solch eine Begegnung mit dem Tod müssen Kinder vorbereitet sein, sonst kann sie zu einem schwer wiegenden Schock werden. Die Frage nach dem Tod ist immer auch eine Frage nach dem Sinn des Lebens, nach dem eigenen Glauben und nach der Art und Weise, wie wir unser Leben gestalten und verantworten.

Gespräche – Bräuche

Kinder begegnen dem Tod:

dem fiktiven Tod
- Im Märchen wird z.T. grausam über den Tod von Personen und Tieren erzählt.
- Das Fernsehen zeigt Bilder von Unglücken und Katastrophen.
- Filme sind voll von Gewalt und Tod.

Kinder sehen diese Bilder und können nicht unterscheiden, was die fiktiven Toten des Films von den realen Toten der Nachrichten unterscheidet.

dem nahen Tod
- Bernie, das geliebte Meerschweinchen, wurde nicht mehr gesund und musste eingeschläfert werden.
- Auf der Fahrt mit dem Auto entdecken wir eine tote Katze am Straßenrand.
- Auf den Straßen sehen wir immer wieder überfahrene Igel.
- Der Großvater ist schwer krank, das Enkelkind darf nicht mehr im Krankenhaus Abschied nehmen.
- Kinder erleben eine Beerdigung mit und stellen intensive Fragen: Bekommt Oma in der Erde Luft? Wie tief ist das Grab? Ist es dunkel da unten? Kann sie noch sehen und hören?
- Allerheiligen/Allerseelen und am Totensonntag stehen trauernde Menschen an den Gräbern und es leuchten viele Kerzen zur Erinnerung an die Verstorbenen.

Der Tod betrifft das Kind auch ganz direkt. Ebenso direkt drückt es seine Trauer und seinen Schmerz aus.

Foto: Margarete Mix

Auf den Tod eine Antwort finden

Seit es Menschen gibt, suchen sie eine Antwort auf den Tod. Alle drei großen Religionen unseres Kulturkreises, das Judentum, Christentum und der Islam geben eine Antwort, die über das menschliche Erinnern an die Verstorbenen hinausgeht: Sie glauben an einen Gott, der nicht nur eine weit entfernte Gestalt ist, sondern der *jeden einzelnen Menschen kennt und liebt und bei dem kein Mensch verloren geht.* Dies ist die tiefste Erfahrung und wichtigste Antwort, was Glauben über Leben und Tod zu sagen hat.

Vom Tod in Bildern reden

So wie die Bibel in Bildern redet, so können auch wir das Unerklärliche über den Tod oft eher in Bilder fassen, um uns auszudrücken. Wir gebrauchen Bilder, hinter denen wir stehen sollten und die später nicht zurückgenommen werden müssen. Wir achten darauf, dass die Kinder sich behütet und geborgen fühlen, wenn wir unsere *eigenen* inneren Bilder weitergeben. So hat z.B. das Gottesbild vom alten Mann mit Bart, der auf der Wolke sitzt und alles sieht, eher mit Bedrohlichem als mit Geborgenheit zu tun. Bilder können durch ein Leben tragen, aber auch für ein Leben Angst machen.

Den Abschied leben – mit Ritualen

Rituale sind kleine Gesten und doch feste Wegstütze. Sie geben Halt, an ihnen versichern wir uns. Wie wichtig Rituale für uns sind, spüren wir im Schmerz, im Abschiednehmen, in Gefahr.
Manchmal gelingt es Kindern, ganz für sich ein Ritual zu finden, um Tod und Sterben zu bewältigen, manchmal müssen Erwachsene mit ihnen einen Weg suchen.

- Ein Weg, mit den Kindern den Tod erst zu nehmen, könnte sein, sie in die Pflege eines Grabes mit einzubeziehen und sie damit an der gemeinsamen Trauer aktiv teilhaben zu lassen.
- Vielleicht entdecken Kinder ein Grab, das niemand mehr pflegt. Allein oder mit einem Freund zusammen könnten sie sich um das einsame Grab zu Allerseelen kümmern.

Kinder erzählen von Friedhofs-Beobachtungen

Zu den beiden Festtagen Allerseelen und Ewigkeitssonntag werden die Gräber der Verstorbenen hergerichtet. Mit den Kindern sprechen wir darüber, wer schon einmal auf einem Friedhof war und was er erlebt oder beobachtet hat.

- Friedhöfe sind ganz ruhige Orte
- Auf dem Friedhof haben sie viele Vögel gesehen und zwitschern gehört
- Eichhörnchen sind hintereinander hergelaufen
- Es sind viele Bäume, Sträucher und Blumen zu sehen
- Ein Grab liegt neben dem anderen, auf den meisten steht ein Grabstein oder liegt eine Grabplatte

Foto: Dorothea Meyer / Foto Kreuz unten: Margarete Mix

- Es gibt Wasserbrunnen, Gießkannen, Wasserschläuche und Abfallbehälter
- Auf allen Grabsteinen steht etwas: Name und Vorname des Verstorbenen – Datum und Ort der Geburt und des Todes – Namen der Familienangehörigen, die auch auf der Grabstelle bestattet worden sind – ein Spruch aus der Bibel oder ein anderes Wort – ein Symbol oder Bild oder Familienwappen.
- Auf neuen Gräbern liegen viele frische Kränze und Gestecke mit Schleifen
- Eine Trauergemeinschaft zieht von der Kapelle zum Grab
- Die Menschen sehen traurig aus
- Wenn wir mit den Kindern regelmäßig einen Friedhof besuchen, so können wir die Veränderung eines Grabes wahrnehmen: ausgehobenes Grab vor der Beerdigung, anschließend Grabhügel mit frischen Blumenkränzen und Gestecken mit Schleifen, danach flaches Grab mit neuer Einfassung und Rasensaat; dann erst kann das Grab regelmäßig bepflanzt werden.
Vielleicht sind manche Kinder schon einmal mit ihren Großeltern oder Eltern auf einem Friedhof gewesen, dann werden sie ein Gespür für die besondere Stimmung dort gewonnen haben. Und zugleich mag der Eindruck entstanden sein, dass der Friedhof ein Ort ist, wo alle Traurigkeit und das Erinnern gut aufgehoben sind.

4. Ideen für die Kinderwerkstatt

Malen – Basteln – Gestalten

Wie das Blatt zerfällt

Alles hat seine Zeit: Geboren-Werden und Sterben, Pflanzen und Ausrotten, Weinen und Lachen, Klagen und Tanzen ... (Prediger Salomo 3,1ff.). So steht es in der Bibel. Kommen und Gehen, Wachsen, Werden, Vergehen und Verwelken lassen sich in der Natur gut beobachten.

- Wir sammeln im Herbst verschiedene trockene Blätter, nehmen diese zwischen Daumen und Zeigefinger und reiben kräftig das einzelne Blatt hin und her, Stück für Stück zerbröselt es und die Blattkrümel sammeln wir auf einem Teller. Nach gewisser Zeit bleibt nur noch das fein geästete Blattgerüst zurück. Auf diese Weise erfahren die Kinder, was Vergänglichkeit bedeutet, und können eher verstehen, wenn es auf der Beerdigung heißt: »Erde zu Erde, Asche zu Asche, Staub zu Staub«.

Wenn wir die Blätter im Herbst liegen lassen, so werden sie wieder zu Erde »verwandelt«.

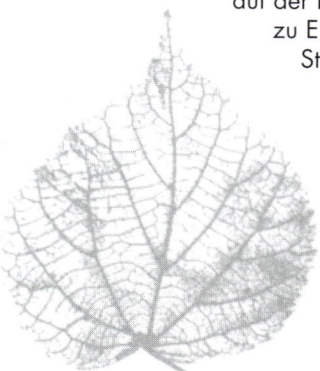

Foto: Margarete Mix

Foto: Margarete Mix

Wir begraben eine Amsel

Wie führen wir Kinder an eine Beerdigung heran, wie machen wir sie mit dem Ablauf der Ereignisse auf dem Friedhof vertraut? Sie müssen die Gelegenheit bekommen, sich auf »spielerische« Weise dem Beerdigungsritual anzunähern.

- Die Kinder finden eines Tages auf dem Gelände des Kindergartens eine tote Amsel. Sie haben den Wunsch, den Vogel zu beerdigen. Ein Karton wird geholt, mit Tüchern ausstaffiert, der Vogel wird behutsam auf eine kleine Schaufel gehoben und in den Karton gelegt. Der Karton ist nun zu einem Sarg geworden. Auf den Deckel malen die Kinder ein großes Kreuz und in die obere Ecke eine Sonne. Ein Loch im Garten wird ausgehoben und darin versenken sie den kleinen Sarg. Sie verschließen es wieder mit Erde und legen noch kleine Blumen auf das Grab. »Ein Kreuz muss noch darauf«, sagt Stefan und holt mit seinem Freund zwei dünne Zweige. Diese werden zum Kreuz zusammengebunden und aufgestellt. Aber noch etwas fehlt: ein Grabstein. Er soll immer an die Amsel erinnern, die dort im Grab liegt. Die Kinder suchen einen Stein und bitten die Erzieherin, mit einem Filzstift darauf zu schreiben: »Amsel, begraben am Mittwoch, 10. Oktober 2000«.

»So werden wir immer an die Amsel denken und sie nicht vergessen«, sagt Maike und geht mit den anderen wieder in den Sandkasten.

Noch ein Tipp

Die Kinder können in Bildern malen, was nach ihrem Empfinden alles auf ein Grab gehört.

Ein Rahmen der Erinnerung

In unserer Erinnerung leben Verstorbene weiter. »Nur wer vergessen ist, der ist tot«, sagten die alten Römer. Wir basteln einen Rahmen für das Bild eines lieben Verstorbenen.

Material
Windradfolie – Window-Color-Farbe – Klebe – Schere

So wird's gemacht
Aus der Windradfolie werden zwei gleich große Teile ausgeschnitten, die ca. 1 cm größer sind als das Foto. Jetzt wird der Rahmen je nach Fantasie mit den Farben bemalt. Nach dem Trocknen der Farben klebt man das Rück- und Rahmenteil rechts, links und unten zusammen. Oben wird keine Klebe benutzt, um das Bild einschieben zu können.

Nun bastelt man nur noch einen Standfuß für die Rückseite, klebt ihn an und fertig ist der Bilderrahmen.

Rahmen: Margarete Mix

6. Theologisches Schlaglicht

Allerheiligen/Allerseelen/Ewigkeitssonntag

Am 1. November ist der Festtag Allerheiligen, ein über 1200 Jahre altes Fest der Katholiken. Wir gedenken aller, die heilig sind; dieses ist wenig im Bewusstsein der Gläubigen.
Was ist das Besondere an den Heiligen?
Die Christen erzählen von großen Taten, von eigenwilligen Verhaltensweisen und überzeugendem Auftreten einiger Mitchristen. In den Heiligenlegenden wird geschildert, wie Menschen ihre christliche Überzeugung und ihr Handeln und Leben an Gott orientierten. Weil es diesen Menschen gelang, sich völlig auf Gott einzulassen, werden sie als Heilige bezeichnet.
Und doch waren die Heiligen Menschen wie jeder von uns: Sie waren fröhlich und ausgelassen, sie waren traurig, still und zurückgezogen. Das Besondere und Einmalige dieser Menschen war: Sie nahmen die Botschaft Jesu ohne Abstriche ernst. Sie lebten ganz für Gott und versuchten christliche Ideale zu verwirklichen. Die Christen sind überzeugt, dass es eine unermesslich große Zahl von Menschen gab, die ein heiligmäßiges Leben führten. All die vielen bekannten und unbekannten heiligen Menschen feiert die Kirche am Fest Allerheiligen.

Michael Schnabel

Allerseelen als katholischer Feiertag am 2. November und Ewigkeitssonntag oder Totensonntag am letzten Sonntag des Kirchenjahres im November als evangelischer Gedenktag erinnern beide an die Verstorbenen. Die Angehörigen besuchen die Friedhöfe und Gräber und bringen Blumen und Grablichter zum Schmuck. Katholische Christen nehmen an Prozessionen teil, in beiden Kirchen werden Gottesdienste und Andachten, z.T. auch in den Friedhofskapellen, gefeiert. Am Ewigkeitssonntag, der gleichzeitig auch das Ende des Kirchenjahres anzeigt, bevor die Adventszeit beginnt, werden im Gottesdienst die Namen aller Verstorbenen des zurückliegenden Kirchenjahres verlesen, für sie ein Kerzenlicht entzündet und Fürbitte gehalten. Dadurch, dass die Angehörigen besonders zu diesem Gottesdienst eingeladen werden, ist eine enge Verbundenheit zu den Verstorbenen gegeben. In manchen Familien ist es Brauch, dass sich nach der kirchlichen Feier alle Verwandten zu einem gemeinsamen Essen treffen. In Erzählungen werden all die Ereignisse und Begebenheiten, die man mit dem Verstorbenen erleben durfte, wieder wach.

Burkhard Straeck

1. Einstieg

Seit über 1600 Jahren ist Sankt Martin bei den Christen als »Mann des Teilens« bekannt. Er ist der erste Heilige, der wegen seines vorbildhaften Lebens heilig gesprochen wurde und nicht, weil er als Märtyrer seinen Glauben bezeugt hat.

St. Martin nahm am Leben der Menschen teil, so wie Jesus an unserem Leben teil hat. Auf ihn treffen die Worte aus dem Matthäus-Evangelium 25,35-36 zu:

Ich war hungrig und ihr habt mir zu essen gegeben
ich war durstig und ihr habt mir zu trinken gegeben
ich war fremd und ihr habt mich aufgenommen
ich war nackt und ihr habt mich bekleidet
ich war krank und ihr habt mich besucht
ich war im Gefängnis und ihr seid zu mir gekommen.
Durch ein reiches Brauchtum wird das Andenken des heiligen Martin bis heute gepflegt.

Gespräche – Bräuche

Foto: Dorothea Meyer

»Ich geh' mit meiner Laterne ...«

Schon in der Kinderkarre werden die Kleinsten zu Laternenumzügen mitgenommen und die meisten Kinder können viele Eindrücke vom Martinsfest wiedergeben. Wir sammeln ihre Erlebnisse, die regional verschieden sind, denn bereits seit dem Mittelalter hat sich eine Fülle von Bräuchen weitervererbt. Einige Hintergründe sind auch schon für Kinder im Vorschulalter interessant:

Illustration: Quelle unbekannt

Foto: Lothar Nickel

Beim *Lichterumzug* mit *Laternen* und *Fackeln* am Martinsabend reitet St. Martin als Soldat auf einem Pferd, begleitet vom Bettler und einer großen Kinderschar, die Martins- und Laternenlieder singt. Der Lichterumzug findet seinen Abschluss vielfach durch das Spiel der Mantelteilung oder durch ein Martinsfeuer. So wie das Licht in der Laterne der Kinder die Dunkelheit erhellt, so sollen auch wir durch Nächstenliebe und Hilfsbereit-

schaft Licht sein für andere. In ländlichen Gegenden werden *Martinslampen* aus Kürbissen und Runkelrüben hergestellt und eine Kerze eingesetzt. Ans Teilen erinnern die *Stutenkerle* oder *Weckmänner*, die *Martinsbrezeln* und die vielen Gaben, die Kinder beim *Martinssingen* von Haus zu Haus sammeln und sie an Bedürftige weitergeben. Vor allem in ländlichen Gegenden darf der *Gänsebraten* am Martinstag nicht fehlen. Nach dem Mästen waren die Gänse nun schlachtreif und ihre Federn geben im Winter ein warmes Federbett.

Foto: Margarete Mix

Foto: Margarete Mix

Ideenbörse

Was braucht der Bettler heute?

Wie Martin damals, so nehmen wir mit den Kindern heute Notsituationen in den Blick und »teilen« wie er. Not leidende Kinder in den Ländern Asiens, Afrikas und Lateinamerikas können für uns heute so etwas wie »der *Bettler*« sein, mit dem Kinder »ihren Mantel teilen«.

Teilen verbindet über Grenzen hinweg!

Seit vielen Jahren führen Kindergärten und Grundschulen Martinsaktionen für Not leidende Kinder durch, zu denen Hilfswerke wie Misereor, Sternsinger, Brot für die Welt und das Kindermissionswerk aufrufen. Von diesen Organisationen gibt es Projektbeschreibungen zu:

Straßenkindern – Flüchtlingskindern – Waisenkindern – kranken und behinderten, hungernden, arbeitenden und missbrauchten Kindern.

Wir entscheiden uns mit den Kindern für ein Projekt und fordern die kostenlose Beschreibung dazu an.

Beim Sichten des Materials überlegen wir, was »unser Bettler«, z.B. eine Kinder-Krankenstation, alles braucht.

- Die Zeichnung des Kindes, das die Hände wie der Bettler am Stadttor ausstreckt, kann als Kopie vergrößert und auf Buntpapier übertragen werden. Dann schneiden wir die Umrisse des Kindes aus und kleben es auf ein großes Plakat. Drumherum malen die Kinder alle benötigten Dinge für unser Projekt. Wir überlegen, ob wir sie durch Geld oder Sachspenden beschaffen können.
- Gut sichtbar im Flur oder Gruppenraum aufgehängt kann das Plakat auch Eltern zur Mithilfe motivieren.

Vorlage: Margarete Mix

2. Ideen für die Kinderwerkstatt

Geschichte

Sankt Martin

Aus dem Leben des heiligen Martin erfahren wir durch seinen Freund *Sulpicius Severus*, der es 395 in lateinischer Sprache verfasste:

Martin wurde im Jahr 316 in Sabaria, einer Stadt im heutigen Ungarn, geboren. Sein Vater war römischer Offizier und wünschte, dass Martin mit 15 Jahren in die römische Armee eintrat. Bei seinen Kameraden war er beliebt wegen seiner Bescheidenheit und Hilfsbereitschaft. Als junger Soldat wurde er ins heutige Frankreich geschickt. Am Stadttor von Amiens begegnete ihm an einem bitterkalten Wintertag ein armer, frierender Mann. Martin überlegte nicht lange, wie er dem Bettler helfen könnte, sondern teilte mit seinem Schwert den weiten Mantel entzwei. Eine Mantelhälfte gab er dem frierenden Mann. Der bedankte sich herzlich. Nachts im Traum stand Jesus Christus vor Martin und trug die Mantelhälfte, die er dem Bettler am Stadttor gegeben hatte. Er hörte eine Stimme, die sprach: »Martinus, der noch nicht getauft ist, hat mich mit dem Mantel bekleidet.« Nach diesem Erlebnis ließ sich Martin mit 18 Jahren taufen und trat aus der Armee aus. Er wollte nicht mehr länger als Soldat das Schwert gegen Menschen führen. Der Bischof Hilarius führte Martin in den christlichen

Foto: Dorothea Meyer

Glauben ein und weihte ihn zum Priester. In Ligugé gründete Martin 361 das erste Kloster des Abendlandes und war für die Menschen ein Helfer in jeder Not. Sie liebten ihn und wollten ihn als ihren Bischof haben. Doch Martin zog ein Leben in Armut vor und versteckte sich im Gänsestall. Das Geschnatter der Gänse aber verriet sein Versteck. Martin wurde Bischof von Tours, lebte weiterhin bescheiden und wirkte mit guten Taten. Am 8. November 397 starb er im Alter von 81 Jahren. In der Basilika St. Martin von Tours befindet sich sein Grab, das heute noch von vielen Menschen besucht wird.

Malen – Basteln – Gestalten

Collage: Teilt das Leid – teilt das Kleid

Wir überlegen mit den Kindern, wo und wie Menschen anderen helfen; etwa

Foto: Margarete Mix

weil es ihr Beruf verlangt oder weil jemand in Not ist. Manchmal hilft jemand, von dem es keiner erwartet hätte, wie z.B. ein Ausländer, der sich als Einziger am Unfallort einsetzt, oder ein Kind, das einem Blinden Hilfe anbietet. Hat schon jemand Ähnliches erlebt?

■ Auf ein großes Plakat oder eine Pinnwand heften wir ein leicht gerafftes rotes Tuch von etwa 60 x 60 cm, das den Martinsmantel darstellen soll.
  Die Kinder suchen aus Zeitungen und Zeitschriften Bilder aus, die zeigen, was Menschen für andere tun: der Schülerlotse an der Kreuzung, die Kranken-

83

schwester beim Verbinden, der Sanitäter am Sportplatz usw. Die Bilder werden ausgeschnitten und mit einer Stecknadel an den Martinsmantel geheftet. Ältere Kinder können auf Zetteln auch Bitten und Wünsche dazu schreiben.

- Abschließend betrachten wir die Vielfalt der Situationen, in denen Menschen helfen. Wir formulieren mit eigenen Worten ein *Dankgebet* für ihren Einsatz und die Bitte um Freude und Kraft für ihre Arbeit.

Laterne als Martinsgans

Die Gans, die am Martinstag häufig von Familien und Freunden verzehrt wird, erinnert an die Legende, wonach sich St. Martin in einem Gänsestall versteckt haben soll, um seiner Wahl zum Bischof zu entgehen.

Material
Weißes und orange Kartonpapier – Transparentpapier in Orange und Gelb – Schere – Klebe – Stifte – fester Draht – Kerze mit Halter

So wird's gemacht

Für die Martins- oder Tischlaterne muss die Kopiervorlage nach Bedarf vergrößert und abgepaust werden. Diese Vorlage wird dann auf das weiße Kartonpapier zweimal übertragen und ausgeschnitten. Die Flügel der Gans bekommen orange und gelbes Transparentpapier unterlegt. Ein Streifen weißes

Zeichnung: Margarete Mix

Kartonpapier, an den Rändern eingezackt, wird zwischen die Ganzmotive geklebt und der Kerzenhalter mittig eingesetzt.

Aus orangefarbenem Papier bekommt die Gans noch 2 Schnabelstücke, Füße und schließlich aufgemalte Augen. Für die Aufhängung werden beide Gänserücken mit einem Drahtbogen verbunden. Fertig ist die Laterne.

Backen

Martinsbrötchen

Zutaten für ca. 10 Stück
250 g Quark – 1 Ei – 1 Prise Salz – 250 g Mehl – 1 Päckchen Backpulver

So wird's gemacht
Mit dem Rührfix werden Quark, Ei und Salz verrührt und das mit Backpulver vermischte Mehl nach und nach dazu gegeben. Wenn alles gut vermischt ist, knetet man mit den Händen den Teig weiter, bis er geschmeidig ist. Aus dem Teig mit bemehlten Händen runde Brötchen formen und auf ein gefettetes Backblech setzen. Im vorgeheizten Backofen auf der Mittelschiene bei 200° C (Heißluft 190° C) etwa 20 – 30 Min. backen. Besonders gut schmecken sie aus Vollkornmehl, wofür man Mehl Typ 405 verwendet.

- Bei der Martinsfeier teilen die Kinder ein Brötchen mit dem Nachbarn und geben damit ein sichtbares Zeichen der Nächstenliebe wie Martin.

Süße Martinsgänse

Zutaten
80 g Butter – 80 g Honig – 1 Ei – 120 g Weizenschrot – 120 g Weizenmehl – gehobelte Mandeln oder Hagelzucker – Ganzschablone ca. 15 x 15 cm.

So wird's gemacht
Die weiche Butter mit Honig und Ei schaumig rühren und Mehl hinzu geben. Den so vorbereiteten Teig rollen wir aus, legen die Gansschablone auf und schneiden mit dem Messer eine Gans nach der anderen aus. Abschließend werden sie mit Mandeln oder Hagelzucker verziert und im Backofen etwa 20–25 Minuten gebacken; Heißluft bei 150–170° C, Ober- und Unterhitze bei 180–200° C.

- Die Martinsgans hübsch eingepackt kann an Freunde verschenkt werden oder vielleicht sogar als kleines Versöhnungsangebot nach einem Streit.

Lieder

Ein Bettler saß im kalten Schnee

1. Ein Bett-ler saß im kal-ten Schnee, dem tat das al-te Herz so weh. Sankt Mar-tin, der vo-rü-ber-ritt, gab ihm den hal-ben Man-tel mit.

2. Da dankt still der arme Mann
und sah ihn voller Freude an.
Sankt Martin zog des Weges fort
und bald erfuhr er Gottes Wort.

3. Geschrieben steht: »Seid allen gut,
denn was ihr dem Geringsten tut,
das habt ihr mir, dem Herrn, geschenkt!«
Wohl dem, der wie Sankt Martin denkt!

Text: Jakob Holl, Melodie: Adolf Lohmann
Alle Rechte im Christophorus-Verlag,
Freiburg/Breisgau

Sankt Martin

1. Sankt Mar-tin, Sankt Mar-tin, Sankt Mar-tin ritt durch Schnee und Wind, sein Ross, das trug ihn fort ge-schwind. Sankt Mar-tin ritt mit leichtem Mut, sein Man-tel deckt ihn warm und gut.

2. Im Schnee saß, im Schnee saß,
im Schnee da saß ein armer Mann,
hat Kleider nicht, hat Lumpen an.
»O helft mir doch in meiner Not,
sonst ist der bittre Frost mein Tod!«

3. Sankt Martin, Sankt Martin,
Sankt Martin zieht die Zügel an,
das Ross steht still beim alten Mann.
Sankt Martin mit dem Schwerte teilt
den warmen Mantel unverweilt.

4. Sankt Martin, Sankt Martin,
Sankt Martin gibt den Halben still,
der Bettler rasch ihm danken will.
Sankt Martin aber ritt in Eil
hinweg mit seinem Mantelteil.

Text und Melodie: Volksgut aus dem Rheinland

3. Projektbeispiel

Martinsumzug

Damit der Umzug gelingt

Wegstrecke und geeigneten Platz für das Martinsspiel aussuchen – Umzug beim Ordnungsamt anmelden –

Foto: Lothar Nickel

Programm an die Eltern frühzeitig austeilen – Erwachsene als Ansprechpartner für auftretende Probleme einsetzen – Liederzettel austeilen – für Musikbegleitung sorgen – selbst gebackene Martinsbrötchen im Sack bereitstellen – für eventuelle Spendensammlung passendes Gefäß vorbereiten – extra Fackeln für Martin, Bettler und Musikkapelle – für das Martinsspiel: Soldat Martin mit teilbarem Mantel auf einem Pferd, Bettler, 2 Soldaten, Schildträger mit dem Ortsschild »Amiens«, SprecherIn.

Ablauf des Umzugs

Am zentralen Treffpunkt werden alle Teilnehmer begrüßt und die Musikanten und Mitwirkenden des Spieles vorgestellt. Den Zug führen Martin auf dem Pferd und die Darsteller an. Ihnen folgt eine große Kinderschar in Begleitung ihrer Familien mit selbst gebastelten Laternen.

Die Musikkapelle plaziert sich in der Mitte des Zuges, um von allen gehört zu werden und das Singen der Laternenlieder zu unterstützen.

- Etwa auf halber Wegstrecke (einer Lichtung oder freien Fläche) sitzt der Bettler frierend im Schein von Fackeln und alle stellen sich im großen Kreis um ihn. An einer Stelle wird der Kreis als »Stadttor« offen gehalten und davor steht ein Kind mit dem Ortsschild »Amiens«. Nun reitet Martin in Begleitung von zwei Kameraden (gehen/reiten) auf das Stadttor zu und begegnet dem frierenden Bettler, der alle Vorübergehenden um Hilfe anfleht. Die Soldaten sehen ihn und gehen achtlos an ihm vorbei. Martin erkennt die Not des Bettlers. Er hält an, teilt mit dem Schwert seinen Mantel und reicht ihm die Hälfte. Der Bettler hüllt sich darin ein und bedankt sich überschwänglich. Martins Kameraden verspotten ihn wegen seiner Hilfsbereitschaft. Alle Darsteller gehen/reiten zur Seite.
- *Gemeinsam singen* wir das Lied »St. Martin ritt durch Schnee und Wind«.
- Danach setzt sich der Zug mit Musik und Liedern wieder in Bewegung auf den Ausgangspunkt zu. Hier versammeln wir uns und bilden einen großen Kreis um die Darsteller des Spiels.
- *Gemeinsam singen* wir das Lied »Ein Bettler saß im kalten Schnee«.
- *Nun spricht Martin* zu den Kindern, indem er die Bedeutung der Mantelteilung aufgreift. Dann fragt er die Kinder, ob es auch heute Situationen des Teilens gibt und welche sie aus ihrem Alltag kennen. Er spricht die Gefühle an, die dabei der Schenkende und der Beschenkte haben.

Abschließend setzen Martin und der Bettler ein Zeichen zur Nachahmung und verteilen an jeden Zweiten die selbst gebackenen Martinsbrötchen mit der Aufforderung, sie mit dem Nachbarn zu teilen. (Falls geplant, kann nun eine Spendenaktion folgen.) Mit einem Abendlied beschließen wir die Martinsfeier.

1. Einstieg

Ist es Zufall, dass wir vor Weihnachten die Gedenktage von so vielen großen Heiligen als »Wegbereiter« der Weihnachtsbotschaft feiern?
Nikolaus ist einer, der anderen vorgelebt hat, dass Schenken und Teilen ein Weitergeben dessen ist, was einem selbst geschenkt wurde. Sein Besitz dient ihm nicht zur Macht oder Repräsentation, sondern ist ein Geschenk Gottes, das dann Früchte bringt, wenn man es weitergibt. Was könnten wir in unserer Zeit des Konsums mehr gebrauchen als eine Leitfigur, die der Vermarktung widerspricht und uns auf einen anderen Weg an Weihnachten heranführt.

Bilder

Die Bilder, die Kinder vom Nikolaus haben, sind häufig von der Werbung und vom Konsum-angebot in den Geschäften geprägt. Hier hat der Weihnachtsmann den Nikolaus verdrängt und als Geschenkebringer Einzug gehalten.
Nikolaus aber war ein Bischof, der als Zeichen seines Amtes und Auftrages gekleidet war mit Mantel, Mitra, Bischofsstab, Brustkreuz und Ring.

■ Wir besorgen aus der Bibliothek oder Medienstelle Bilder von Hirten, die sie bei ihrer Arbeit zeigen und Bilder vom Bischof Nikolaus. Die Kinder entdecken die Ähnlichkeit zwischen der Mantelform des Hirten und des Bischofs und die der beiden Hirtenstäbe. Sie entdecken auch die ähnlichen Aufgaben von Hirte und Bischof. Noch anschaulicher wäre es, aus einem Theaterfundus Hirtenkleidung und ein Kuschel-Schaf zu besorgen und die Insignien des Bischofs vom Nikolaus-Spiel daneben zu legen. Nun kann noch erklärt werden, wie der eigene Bischof heißt, doch den Bischof Nikolaus kennen die Kinder besser.

Foto: Lothar Nickel

Gespräche – Bräuche

Über den heiligen Nikolaus werden zahlreiche Legenden erzählt. Sie alle sprechen in Bildern und machen die Kernaussage:

> *– Schenken macht nicht ärmer –*
> und *– eine gute Tat bewegt auch andere*
> *zu guten Taten.*

- Mit den Kindern suchen wir aus ihrem Alltag nach Situationen, in denen sie selbst schon diese Aussagen erfahren haben. Von so kleinen Dingen – wie jemanden trösten – vom Frühstück etwas abgeben, weil der andere seines vergessen hat – einen kranken Freund

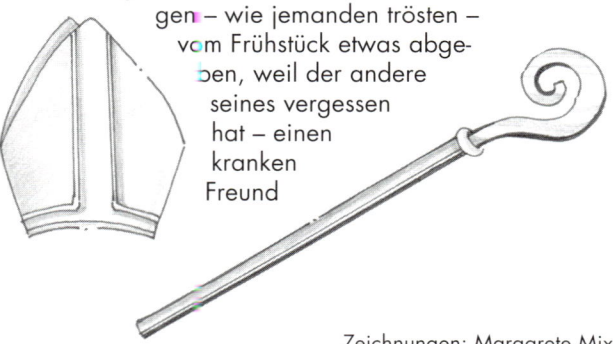

Zeichnungen: Margarete Mix

besuchen – bis zum Teilen vom Taschengeld für Hilfsaktionen können Kinder stolz berichten und motivieren andere, es nachzumachen.
Sie spüren selbst, *»geteilte Freude ist doppelte Freude«*.

- Aus den Nikolauslegenden entwickelte sich ein vielfältiges *Brauchtum*, bei dem Nikolaus auch als Erziehungshilfe mit Rute und Drohungen missbraucht wird.
Beim Sammeln der bekannten Bräuche nutzen wir im Gespräch mit den Kindern die Möglichkeit, die Nächstenliebe und Hilfsbereitschaft herauszuheben: Nikolaus schenkt heimlich und unerkannt in gebastelte Gabenteller, Stiefel oder Strümpfe, angelehnt an das »Einwerfen« der Geldsäckchen für die 3 armen Mädchen in einer Legende – ein alter Brauch ist das Schiffchensetzen, weil er Bootsfahrer gerettet haben soll – der gewählte Kinderbischof für einen Tag, weil sich Nikolaus für 3 Schüler einsetzte – das Schenken von Gebäck, weil Nikolaus die Menschen von Myra vor einer Hungersnot bewahrte.

2. Ideen für die Kinderwerkstatt

Geschichte

So lebte Nikolaus

Vor über 1600 Jahren lebte Nikolaus als Bischof in der Hafenstadt Myra in der heutigen Türkei. Seine Eltern waren reiche Kaufleute und vererbten ihm ihr Vermögen. Nikolaus behielt es nicht für sich, sondern half damit Armen und Not leidenden, wo er nur konnte. Am 6. Dezember um das Jahr 350 soll er gestorben sein; genaue geschichtliche Daten kennen wir nicht. Seine guten Taten aber haben sich herumgesprochen und liebenswerte Legenden sind daraus entstanden. Während eines Krieges, einige Jahrhunderte später, nahmen italienische Kaufleute die Gebeine von Nikolaus mit in ihre Heimatstadt Bari und bauten

Zeichnung: Ursula Stein-Wöbke

eine große Kirche über seinem Grab. Nun drangen die Geschichten auch nach Europa, Skandinavien, Russland und überall wurden ihm zu Ehren Kirchen gebaut.

Malen – Basteln – Gestalten

Die Gute-Taten-Galerie

Nach dem Erzählen einer Legende können die Kinder Bilder von der Geschichte malen und zu einer Galerie aufhängen.
Als Sammlung von guten Taten aus dem Leben des heiligen Nikolaus werden die Malereien »zu inneren Bildern«, die sich den Kindern besonders einprägen.

Material

Tonpapier in den Farben beige, rosa, braun – Goldfolie – Klebe – Schere – Malglitter in gold und silber – Stift

So wird's gemacht

Die Nikolausvorlage wird vergrößert kopiert und auf festes Papier als Schablone durchgepaust.
Die Einzelteile überträgt man auf das farblich passende Tonpapier und schneidet alles doppelt aus. Beide Mantelteile werden aufeinander gelegt und an Schulter und Armen zusammen geklebt. Beim hinteren Körperteil schneidet man die Schuhe ab und klappt die beiden verbleibenden Schuhe nach vorne. Wenn Vorder- und Rückenteil etwas gespreizt werden, kann der Nikolaus alleine stehen. Nun werden beide Kopfteile an der

Rück- und Vorderseite überlappend darauf gesetzt und festgeklebt. Bei der Mitra ist es der gleiche Vorgang. Hände und Schuhe können aus rosa und braunen Papierresten aufgesetzt werden. Mitra und Bischofsmantel bekommen mit dem Glitterstift Muster und Bordüren. Als Letztes bekommt der Nikolaus aus Goldfolie den ausgeschnittenen Bischofsstab in die Hand.

Tischschmuck: Nikolausstiefel

Material

Roter Fotokarton DIN A3 – Schere – langes Lineal – Klebe – Stift – Watte – Malglitter

So wird's gemacht

Die Kopiervorlage wird so vergrößert, dass die Länge der Stiefel insgesamt 22 cm beträgt. dann wird sie als Schablone ausgeschnitten.
Aus dem Fotokarton (50 x 70 cm) werden 5 Stiefel von je 10 cm Breite ausgeschnitten. Jeder Streifen wird zweimal nach 22 cm geknickt, so dass ein Leporello entsteht. Darauf wird die Schablone gelegt, abgezeichnet und das Muster ausgeschnitten. Abschließend erhalten die Stiefelkrempen beidseitig eine Verzierung aus Watte oder Malglitter.
Das Stiefelleporello ist ein schöner Blickfang für die Nikolaustafel und kann durch Ankleben beliebig verlängert werden.

Zeichnungen: Ursula Stein-Wöbke

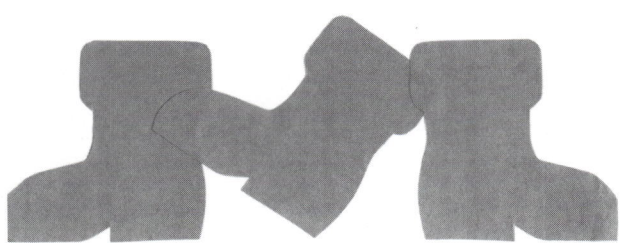

Vorlage: Margarete Mix

Backen

Spekulatius

Das eigentliche Gebäck zu Ehren des heiligen Nikolaus ist der Spekulatius, der seinen Namen Nikolaus verdankt. Die Römer nannten den heiligen Nikolaus *speculator* = lateinisch »der Schauende«.

Das Gebäck erfreute sich bald solcher Beliebtheit, dass es außer am Nikolaustag auch in der Weihnachtszeit gegessen wurde.

Wir backen es nach altem Brauch, denn es darf auf keinem Gabenteller fehlen und hübsch eingepackt, wird es auch gerne verschenkt.

Zutaten

500 g durchgesiebtes Mehl – 75 g Mandelblättchen – 250 g brauner Zucker – 250 g Butter – 3 Eier – abgeriebene Schale einer halben Zitrone – 1 Päckchen – Spekulatiusgewürz – 1 Messerspitze Hirschhornsalz

So wird's gemacht

Die Butter wird zerpflückt, mit dem Mehl und den anderen Zutaten (außer Hirschhornsalz) vermischt. Der Teig wird einige Stunden kalt gestellt, dann streut man das Hirschhornsalz darüber und rollt den Teig aus. Er wird in die bemehlten Modeln gedrückt oder beliebige Formen werden ausgestochen und auf einem eingefetteten Blech im vorgeheizten Ofen bei 200° C 10 Minuten gebacken.

Foto: Margarete Mix

Lied

1. Sankt Ni-ko-laus ein Bi-schof war.
Er liebt der Kin-der fro-he Schar,
be-schenk-te gern die ar-men Leut
und hat-te im-mer für sie Zeit.

2. Sankt Nikolaus, Sankt Nikolaus
ging heimlich einst in jedes Haus
und half in Not ganz still und schlicht
und wollte Dank und Ehre nicht.

3. Drum wollten wir, er wär noch da,
drum zieht ein Mann sich jedes Jahr
so wie der Heil'ge Bischof an,
schenkt Äpfel, Nüsse, Marzipan.

Quelle unbekannt

Noch ein Tipp

Mit diesem Lied »beschenken« die Kinder den Nikolaus nach seinem Besuch.

3. Projektbeispiel

Nikolausfeier

Stegreifspiel: die Legende vom Getreideschiff

Requisiten: Bäcker tragen weiße Bäckermützen aus Krepppapier – Müller haben weiße große Schürzen um – Bauern tragen Westen und Filzhüte – Matrosen und Kapitän haben Seemannskleidung an – »Schatzkiste« mit Messingleuchten, Bechern …, – Segelschiff aus umbautem Kletterturm (liegend)

Ablauf der Feier

Zu einer gemeinsamen Nikolausfeier haben sich im großen Kreis die Kinder und dahinter sitzend die Eltern versammelt. Bei der Begrüßung weist die Erzieherin auf den Gedenktag des heiligen Nikolaus hin und auf sein Beispiel der Hilfsbereitschaft und Nächstenliebe.
Dann stellt sie einen Kindergarten-Großvater vor, der mit den Kindern die Legende vom Getreideschiff spielen wird. Der Großvater zieht die mitgebrachten Bischofsgewänder an und zeigt den Kindern, wie Bischof Nikolaus ausgesehen haben könnte. Dabei verweist er auf die Kleidung eines Bischofs und eines Hirten. »Was haben beide gemeinsam?«, will er von den Kindern wissen. Aus den Antworten der Kinder greift er die Fürsorge und Hilfsbereitschaft auf und leitet auf die Legende vom Getreideschiff über.

Fotos: Margarete Mix

Stegreifspiel

Erzähler: In Myra hatte es seit Monaten nicht mehr geregnet. Die Brunnen waren ausgetrocknet, die Ernte verdorrt und in den Läden gab es nichts mehr zu kaufen. Alle Menschen hungerten, die armen und die reichen, auch der Bischof Nikolaus. Jeden Tag liefen die Einwohner von Myra zum Hafen um zu sehen, ob Handelsschiffe mit Getreide ankommen, doch jedes Mal vergebens. Eines Tages klopfte es an der Tür von Bischof Nikolaus und viele Kinder standen davor.
Kinder: Bischof Nikolaus, hilf uns, wir haben Hunger! Ich hab schon seit zwei Tagen nichts mehr gegessen. – Ich auch nicht und meine Eltern hungern auch! – Hilf uns doch!
Nikolaus: Kinder, es ist schlimm, dass wir alle hungern. Ward ihr schon beim Bäcker? – Habt ihr beim Bauern schon nachgefragt?
Kinder: Niemand konnte uns etwas geben, wir haben überall gefragt.
Erzähler: Nikolaus geht mit den Kindern zu den Bäckerläden, zum Müller und zu den Bauern und fragt selbst überall nach.
Nikolaus: Kinder, es tut mir Leid, dass ich euch und euren Eltern nicht helfen kann. Geht nach Hause, wir wollen alle Gott um Hilfe bitten.

Erzähler: Die Kinder gingen nach Hause und legten sich schlafen. Am nächsten Morgen entdeckte ein kleiner Junge, der schon früh aufgestanden war, Schiffe im Hafen. Aufgeregt lief er zum Bischof.

Junge: Bischof Nikolaus, komm, ich habe Schiffe im Hafen einlaufen sehen!

Nikolaus: Vielleicht sind es Schiffe, auf die wir schon lange warten. Komm, ruf die anderen Kinder und eure Eltern und lass uns zum Hafen laufen.

Erzähler: Nun gab es eine große Aufregung. Alle riefen durcheinander. Bald kamen immer mehr Menschen zum Hafen und sahen, wie ein großes Handelsschiff anlegte.

Kapitän: Matrosen, werft die Anker aus zum Anlegen. Wir machen in Myra Pause, denn wir haben noch eine weite Fahrt bis nach Rom.

Nikolaus: Bist du der Kapitän?

Kapitän: Ja, der bin ich.

Nikolaus: Hast du Korn geladen und kannst du es uns verkaufen?

Kapitän: Ich habe sehr viel Korn geladen, doch ich habe den Auftrag, alles in Rom für den Kaiser abzuliefern.

Nikolaus: Hab doch Mitleid mit den Menschen! Hier ist eine große Hungersnot und vor allem die Kinder und Kranken leiden sehr.

Kapitän: Das ist unmöglich! Ich muss das Korn abrechnen.

Nikolaus: Ich bitte dich für alle Menschen in der Stadt!

Kapitän: Na gut, aber du musst für die Säcke bezahlen.

Erzähler: Bischof Nikolaus eilte fort, und als er zurückkam, trug er in seinen Armen alle Kostbarkeiten der Kirche: Leuchter, Becher und vieles mehr. Der Kapitän staunte und befahl den Matrosen, Getreidesäcke auszuladen. (Die Matrosen heben abgedeckte Körbe mit Geschenken für die Kinder vom Schiff).

Foto: Margarete Mix

Nikolaus: Nun kann der Müller das Korn mahlen. Dann hat der Bäcker wieder Mehl, um die Menschen mit Brot zu versorgen. Nun werden wir alle wieder satt.

Kinder: Danke, Bischof Nikolaus, dass du uns allen geholfen hast!

Erzähler: Die Kirche von Myra sah nun arm und kahl aus. Aber die Menschen waren glücklich, konnten sich sattessen und noch Saatgut zurückbehalten für die nächste Aussaat. Weil Nikolaus ein so guter Mensch war, nannte man ihn später »heiliger Nikolaus.«

Nikolaus überlegt mit den Kindern, wie auch sie anderen helfen und eine Freude machen können. –
An seinem Gedenktag beschenken wir uns in diesem Sinne.
Nikolaus verteilt aus den Körben ein gebasteltes Geschenk an jedes Kind.
Die Kinder bedanken sich mit dem Gedicht »Nun ist es wieder an der Zeit« (Seite 11) und singen zum Auszug die letzte Strophe von »Lasst uns froh und munter sein«.

Religion im Kindergarten

B and 1 der Reihe **Religion im Kindergarten – verstehen und gestalten:**

Margarete Mix und Gerhard Rödding

Symbole im Kindergarten – verstehen und gestalten

Ein Praxisbuch für die religiöse Früherziehung der 3- bis 7-Jährigen.
2. Auflage. 96 Seiten mit zahlreichen Illustrationen und Abbildungen. Geb.
[3-579-02931-2]

W asser und Wind, Licht und Sonne – jedes Kind hat Erfahrungen mit diesen elementaren Naturphänomenen. Das Problem für Erzieherinnen und Erzieher liegt aber darin, diese Erfahrungen der Kinder altersgemäß auf Symbolebene zu übertragen und damit ihren Sinn zu erschließen.
Dieses praktische Fachbuch für den Kindergarten ebnet mit detaillierten Anleitungen den Weg zu 7 Symbolen: Baum, Weg, Licht/Sonne, Samenkorn, Steine, Wasser, Luft/Wind werden in je einem Kapitel ausführlich entfaltet. In jedem Kapitel gibt es eine kurze theologische Einführung in das Thema.

Postfach 450
33311 Gütersloh
Tel. 0 52 41 / 74 05 – 41
Fax 0 52 41 / 74 05 – 48
Internet: http://www.gtvh.de
e-mail: info@gtvh.de

Gütersloher Verlagshaus